IMITAÇÃO
DE CRISTO

Dados Internacionais de Catalogação na Publicação (CIP)
(Câmara Brasileira do Livro, SP, Brasil)

Tomás de Kempis, 1380-1471
  Imitação de Cristo / Tomás de Kempis; Petrópolis, RJ : Vozes, 2024.

  ISBN 978-85-326-6800-4

  Título original: l'Imitation de Jésus-Christ "Tradução portuguesa confrontada com o manuscrito autógrafo de 1441, editado pelo Revmo. Pe. Fleury, por Frei Tomás Borgmeier, OFM"

  1. Espiritualidade 2. Jesus Cristo – Meditações 3. Meditações 4. Orações 5. Vida cristã I. Fleury. II. Borgmeier, Tomás. III. Título IV. Série.

Índices para catálogo sistemático:
1. Meditações : Cristianos   242

TOMÁS DE KEMPIS

IMITAÇÃO DE CRISTO

Confrontada com o manuscrito autógrafo
de 1441, editado pelo Rvmo. Pe. Fleury,
por Frei Tomás Borgmeier, OFM

EDITORA
VOZES

Petrópolis

Tradução do original em latim intitulado
De Imitatione Christi, Libri Quatour

© desta tradução:
1969, 2024, Editora Vozes Ltda.
Rua Frei Luís, 100
25689-900 Petrópolis, RJ
www.vozes.com.br
Brasil

Todos os direitos reservados. Nenhuma parte desta obra poderá ser reproduzida ou transmitida por qualquer forma e/ou quaisquer meios (eletrônico ou mecânico, incluindo fotocópia e gravação) ou arquivada em qualquer sistema ou banco de dados sem permissão escrita da editora.

CONSELHO EDITORIAL	PRODUÇÃO EDITORIAL
Diretor	Aline L.R. de Barros
Volney J. Berkenbrock	Marcelo Telles
	Mirela de Oliveira
Editores	Otaviano Cunha
Aline dos Santos Carneiro	Rafael de Oliveira
Edrian Josué Pasini	Samuel Rezende
Marilac Loraine Oleniki	Vanessa Luz
Welder Lancieri Marchini	Verônica M. Guedes
Conselheiros	**Conselho de projetos editoriais**
Elói Dionísio Piva	Isabelle Theodora R.S. Martins
Francisco Morás	Luísa Ramos M. Lorenzi
Gilberto Gonçalves Garcia	Natália França
Ludovico Garmus	Priscilla A.F. Alves
Teobaldo Heidemann	

Secretário executivo
Leonardo A.R.T. dos Santos

Editoração: Mariana Perlati
Diagramação: Victor Mauricio Bello
Revisão gráfica: Lorena Delduca Herédias
Capa: Lara Gomes
Imagem de capa: Pietá, de Michelangelo Buonarroti. Museu do Vaticano.

ISBN 978-85-326-6800-4

Este livro foi composto e impresso pela Editora Vozes Ltda.

Sumário

Prefácio, 13

Do uso da Imitação de Cristo
Conselhos do Cardeal Henrico Henriques, 17

Livro I   Avisos úteis para a vida espiritual, 19

Capítulo 1   Da imitação de Cristo e desprezo de todas as vaidades do mundo, 19

Capítulo 2   Do humilde pensar de si mesmo, 20

Capítulo 3   Dos ensinamentos da verdade, 22

Capítulo 4   Da prudência nas ações, 24

Capítulo 5   Da leitura das Sagradas Escrituras, 25

Capítulo 6   Das afeições desordenadas, 25

Capítulo 7   Como devemos fugir à vã esperança e presunção, 26

Capítulo 8   Como se deve evitar a excessiva familiaridade, 27

Capítulo 9   Da obediência e sujeição, 28

Capítulo 10   Como se devem evitar as conversas supérfluas, 29

Capítulo 11   Da paz e do zelo em aproveitar, 30

Capítulo 12   Da utilidade das adversidades, 31

Capítulo 13   Como se há de resistir às tentações, 32

Capítulo 14   Como se deve evitar o juízo temerário, 35

Capítulo 15   Das obras feitas com caridade, 36

Capítulo 16   Do sofrer os defeitos dos outros, 37

Capítulo 17   Da vida monástica, 38

Capítulo 18   Dos exemplos dos Santos Padres, 39

Capítulo 19   Dos exercícios do bom religioso, 41

Capítulo 20   Do amor à solidão e ao silêncio, 43

Capítulo 21   Da compunção do coração, 46

Capítulo 22   Da consideração da miséria humana, 48

Capítulo 23   Da meditação da morte, 50

Capítulo 24   Do juízo e das penas dos pecadores, 53

Capítulo 25   Da diligente emenda de toda a nossa vida, 56

LIVRO II   Exortações à vida interior, 61

Capítulo 1   Da vida interior, 61

Capítulo 2   Da humilde submissão, 64

Capítulo 3   Do homem bom e pacífico, 64

Capítulo 4   Da mente pura e da intenção simples, 66

Capítulo 5   Da consideração de si mesmo, 67

Capítulo 6   Da alegria da boa consciência, 68

Capítulo 7   Do amor de Jesus sobre todas as coisas, 69

Capítulo 8   Da familiar amizade com Jesus, 70

Capítulo 9 Da privação de toda consolação, 72

Capítulo 10 Do agradecimento pela graça de Deus, 74

Capítulo 11 Quão poucos são os que amam a cruz de Jesus, 76

Capítulo 12 Da estrada real da santa cruz, 78

Livro III Da consolação interior, 85

Capítulo 1 Da comunicação íntima de Cristo com a alma fiel, 85

Capítulo 2 Que a verdade fala dentro de nós, sem estrépito de palavras, 86

Capítulo 3 Como as palavras de Deus devem ser ouvidas com humildade e como muitos não as ponderam, 87

Capítulo 4 Que devemos andar perante Deus em verdade e humildade, 89

Capítulo 5 Dos admiráveis efeitos do amor divino, 91

Capítulo 6 Da prova do verdadeiro amor, 93

Capítulo 7 Como se há de ocultar a graça sob a guarda da humildade, 95

Capítulo 8 Da vil estima de si próprio ante os olhos de Deus, 98

Capítulo 9 Tudo se deve referir a Deus como ao fim último, 99

Capítulo 10 Como, desprezando o mundo, é doce servir a Deus, 100

Capítulo 11 Como devemos examinar e moderar os desejos do coração, 102

Capítulo 12 Da escola da paciência e luta contra as concupiscências, 103

Capítulo 13 Da obediência e humilde sujeição, a exemplo de Jesus Cristo, 105

Capítulo 14 Que se devem considerar os altos juízos de Deus, para não nos desvanecermos na prosperidade, 106

Capítulo 15 Como se deve haver e falar cada um em seus desejos, 107

Capítulo 16 Que só em Deus se há de buscar a verdadeira consolação, 109

Capítulo 17 Que todo o nosso cuidado devemos entregar a Deus, 110

Capítulo 18 Como, a exemplo de Cristo, se hão de sofrer com igualdade de ânimo as misérias temporais, 111

Capítulo 19 Do sofrimento das injúrias, e quem é provado verdadeiro paciente, 112

Capítulo 20 Da confissão da própria fraqueza, e das misérias desta vida, 114

Capítulo 21 Como se deve descansar em Deus sobre todos os bens e dons, 115

Capítulo 22 Da recordação dos inumeráveis benefícios de Deus, 118

Capítulo 23 Das quatro coisas que produzem grande paz, 120

Capítulo 24 Como se deve evitar a curiosa inquirição da vida alheia, 122

Capítulo 25 Em que consiste a firme paz do coração e o verdadeiro aproveitamento, 123

Capítulo 26 Excelência da liberdade espiritual à qual se chega antes pela oração humilde que pela leitura, 124

Capítulo 27 Como o amor-próprio afasta no máximo grau do sumo bem, 125

Capítulo 28 Contra as línguas maldizentes, 127

Capítulo 29 Como, durante a tribulação, devemos invocar a Deus e bendizê-lo, 128

Capítulo 30 Como se há de pedir o auxílio divino e confiar para recuperar a graça, 129

Capítulo 31 Do desprezo de toda criatura, para que se possa achar o Criador, 131

Capítulo 32 Da abnegação de si mesmo e abdicação de toda cobiça, 133

Capítulo 33 Da instabilidade do coração e que a intenção final se há de dirigir a Deus, 134

Capítulo 34 Como Deus é delicioso em tudo e sobretudo a quem o ama, 135

Capítulo 35 Como nesta vida não há segurança contra a tentação, 137

Capítulo 36 Contra os juízos dos homens, 138

Capítulo 37 Da pura e completa renúncia de si mesmo para obter liberdade de coração, 139

Capítulo 38 Do bom procedimento exterior e do recurso a Deus nos perigos, 140

Capítulo 39 Que o homem não seja impaciente nos seus negócios, 141

Capítulo 40 Que o homem por si mesmo nada tem de bom e de nada se pode gloriar, 142

Capítulo 41 Do desprezo de toda honra temporal, 144

Capítulo 42 Como não se deve procurar a paz nos homens, 145

Capítulo 43 Contra a vã ciência do século, 146

Capítulo 44 Que se não devem tomar a peito as coisas exteriores   147

Capítulo 45 Que se não deve dar crédito a todos, e quão facilmente faltamos nas palavras, 148

Capítulo 46 Da confiança que havemos de ter em Deus quando se nos dizem palavras afrontosas, 150

Capítulo 47 Que todas as coisas graves se devem suportar pela vida eterna, 152

Capítulo 48 Do dia da eternidade e das angústias desta vida, 153

Capítulo 49 Do desejo da vida eterna e quantos bens estão prometidos aos que combatem, 156

Capítulo 50 Como o homem angustiado se deve entregar nas mãos de Deus, 159

Capítulo 51 Que devemos praticar as obras humildes quando somos incapazes para as mais altas, 162

Capítulo 52 Que o homem se não repute digno de consolação, mas merecedor de castigo, 163

Capítulo 53 Que a graça de Deus não se comunica aos que gostam das coisas terrenas, 164

Capítulo 54 Dos diversos movimentos da natureza e da graça, 166

Capítulo 55 Da corrupção da natureza e da eficácia da graça divina, 169

Capítulo 56 Que devemos renunciar a nós mesmos e seguir a Cristo pela cruz, 171

Capítulo 57 Que o homem não se desanime em demasia, quando cai em algumas faltas, 173

Capítulo 58 Que não devemos escrutar as coisas mais altas e os ocultos juízos de Deus, 175

Capítulo 59 Que só em Deus devemos firmar toda esperança e confiança, 178

Livro IV Do sacramento do altar, 181

Capítulo 1 Com quanta reverência cumpre receber a Cristo, 181

Capítulo 2 Como neste sacramento se mostra ao homem a grande bondade e caridade de Deus, 186

Capítulo 3 Da utilidade da comunhão frequente, 188

Capítulo 4 Dos admiráveis frutos colhidos pelos que comungam devotamente, 190

Capítulo 5 Da dignidade do Sacramento e do estado sacerdotal, 193

Capítulo 6 Pergunta concernente ao exercício antes da comunhão, 195

Capítulo 7 Do exame da própria consciência e propósito de emenda, 195

Capítulo 8 Da oblação de Cristo na cruz e da própria resignação, 197

Capítulo 9 Que devemos com tudo quanto é nosso oferecer-nos a Deus e orar por todos, 198

Capítulo 10 Que não se deve deixar por leve motivo a Sagrada Comunhão, 200

Capítulo 11 Que o corpo de Cristo e a Sagrada Escritura são sumamente necessários à alma fiel, 203

Capítulo 12 Que a alma se deve preparar com grande diligência para a Sagrada Comunhão, 207

Capítulo 13 Que a alma devota deve aspirar, de todo o coração, à união com Cristo no Sacramento, 208

Capítulo 14 Do ardente desejo que têm alguns devotos de receber o corpo de Cristo, 210

Capítulo 15 Que a graça da devoção se alcança pela humildade e abnegação de si mesmo, 211

Capítulo 16 Como devemos descobrir nossas necessidades a Cristo e pedir sua graça , 213

Capítulo 17 Do ardente amor e veemente desejo de receber a Cristo, 214

Capítulo 18 Que o homem não seja curioso escrutador do Sacramento, mas humilde imitador de Cristo, sujeitando sua razão à santa fé , 216

Índice alfabético, 219

Prefácio

"Da *Imitação de Cristo* já se tem dito tudo quanto é possível dizer" – assim inicia o Conde de Afonso Celso o prefácio à sua maviosa tradução. E tem razão o ilustre escritor. Seis séculos porfiaram em tecer-lhe elogios, mostrar-lhe as sublimidades, encarecer-lhe o subido valor, denominando-a uns o quinto livro dos evangelhos, chamando-lhe outros o melhor tratado de moral cristã, considerando-a todos o mais perfeito compêndio da vida espiritual. "Depois da Bíblia – diz o arcebispo mártir Darboy –, que vem de Deus, é a *Imitação de Cristo* de todos os livros o mais admirável e popular; nenhum granjeou em tão alto grau a estimação dos homens, nenhum parece tão adaptado a todos os leitores". Nenhum outro livro, saído de mãos humanas, excede-a na linguagem persuasiva e na doce violência com que arrasta os corações, e milhares de almas já sentiram os maravilhosos efeitos de sua leitura.

Quem terá sido o autor de obra tão maravilhosa? Responde o Revmo. Padre Fleury na recente edição do manuscrito autógrafo (1919): "Não há quase nenhum dos escritores eruditos do nosso tempo que hesite em reconhecer como autor deste livro celebérrimo, o Padre Tomás de Kempis, cônego regular de Santo Agostinho, no Mosteiro de Santa Ana, perto de Zwolle, na Holanda". E cita, entre outros, J.B. Malou (1858), Aug. de Backer (1864), H. Kirche (1873), Vitor Becker (1882), F.R. Cruise (1887); I. Brucker (1889), I. Pohl (1904).

Quais são, entretanto, as razões históricas em que se baseia o Padre Fleury? Em algumas: dos 76 manuscritos que se conservam da *Imitação*, não menos de 60 trazem o nome do Cônego Tomás, entre os quais o célebre autógrafo chamado *Kempense*, escrito em 1441 e guardado hoje na Biblioteca Real de Bruxelas, que, além dos quatro livros da *Imitação*, contém vários outros tratados ascéticos do mesmo autor. Acresce que muitos contemporâneos de Tomás, de todo insuspeitos, como João Busch, cronista da Ordem, falecido em 1479, e H. Ryd, um dos membros mais conspícuos da mesma Congregação, não conhecem outro autor senão Tomás de Kempis. Finalmente, todas as edições da *Imitação*, impressas antes de 1500, isto é, as de 1471, 1472, 1488, 1489, 1490 e 1494, trazem o nome do mesmo autor. Já não se pode, pois, duvidar de sua autenticidade.

Quem era Tomás de Kempis? A história nos transmitiu seus principais dados biográficos. Nasceu ele no ano de 1380, em Kempen, pequeno povoado da diocese de Köln, e seguiu, em 1391, o exemplo de seu irmão João, tomando o hábito dos regulares de Santo Agostinho, no Mosteiro de Santa Ana. Ordenado sacerdote em 1412, ocupou durante toda a sua longa vida o cargo importante de mestre de noviços. Faleceu em 1471, na idade avançada de 91 anos, legando à posteridade, além dos quatro livros de *Imitação de Cristo*, muitas outras obras ascéticas, entre as quais se destacam as seguintes: *Soliloquium animae, Orationes et meditationes de Vita Christi, Vita Gerardi Magni, Chronica Montis S. Agnetis* etc.

Quanto à presente edição portuguesa, julgamos escusado encarecer-lhe a oportunidade. Nunca será supérflua a reprodução de uma obra que durante tantos séculos tem derramado, por toda parte, inefáveis consolações. Seguimos o texto latino do manuscrito autógrafo de 1441, editado novamente pelo Revmo. Padre Fleury[1], e aproveitamos as edições já existentes em português, principalmente a do Monsenhor Manuel Marinho, as duas edições anônimas do Recife e do Rio de Janeiro (Colégio da Imaculada Conceição) e a edição de Garnier (1910). Na presente tradução procuramos reproduzir, em linguagem concisa, simples e inteligível a todos, com a maior fidelidade possível, o sentido do original, evitando todo e qualquer aparato supérfluo de palavras rebuscadas, expressões arcaicas e locuções eruditas que a tornariam inacessível à maioria dos leitores, além de contrastarem desagradavelmente com a simplicidade encantadora do original. Se conseguimos realizar esse nosso desejo, julguem-no os entendidos.

O nosso principal intuito, ao prepararmos a presente tradução, foi a glória de Deus e a santificação das almas.

Oxalá possa contribuir para tão sublime e elevado fim!

O tradutor
Petrópolis, na Festa de São Francisco Solano,
24 de julho de 1920.

---

1 *De Imitatione Christi Libri quatuor* iuxta codicem authographum archetypum accurante R.P.A. Fleury Turonibus A. Mame et Filiorum, 1919.

Do uso da *Imitação de Cristo*
Conselhos do Cardeal Henrico Henriques

1. Marca uma hora certa cada dia, para essa leitura, e observa-a inviolavelmente, enquanto for possível.

2. Antes da leitura, prepara a tua alma, principalmente pela pura intenção de só procurar teu aproveitamento; levanta teu espírito a Deus e pede-lhe luzes para teu entendimento. Como fórmula para essa preparação, poder-te-á servir o capítulo 2 do livro III.

3. Lê, não apressada, mas atentamente, e com alguma pausa entre os versículos. Seria útil reler amiúde os trechos que mais te impressionarem.

4. Durante a leitura, procura formar afetos devotos, conforme o assunto.

5. Encerra a leitura com breve aspiração a Deus, pedindo-lhe que conserve e fecunde a semente lançada em tua alma, para que produza fruto centuplicado.

LIVRO I

Avisos úteis para a vida espiritual

CAPÍTULO 1

DA IMITAÇÃO DE CRISTO E DESPREZO DE TODAS AS VAIDADES DO MUNDO

1. *Quem me segue não anda nas trevas*, diz o Senhor (Jo 8,12). São essas as palavras de Cristo, pelas quais somos advertidos que imitemos sua vida e seus costumes, se verdadeiramente queremos ser iluminados e livres de toda cegueira de coração. Seja, pois, o nosso principal empenho meditar sobre a vida de Jesus Cristo.

2. A doutrina de Cristo é mais excelente que a de todos os santos, e quem tiver seu espírito encontrará nela um maná escondido. Sucede, porém, que muitos, embora ouçam frequentemente o Evangelho, sentem nele pouco enlevo: é que não possuem o Espírito de Cristo. Quem quiser compreender e saborear plenamente as palavras de Cristo, é-lhe preciso que procure conformar à dele toda a sua vida.

3. Que te aproveita discutires sabiamente sobre a SS. Trindade, se não és humilde, desagradando, assim, a essa mesma Trindade? Na verdade, não são palavras elevadas que fazem o homem justo, mas é a vida virtuosa que o torna agradável a Deus. Prefiro sentir a contrição dentro de minha alma a saber defini-la. Se soubesses de cor toda a Bíblia e as sentenças de todos os filósofos, de que te ser-

viria tudo isso sem a caridade e a graça de Deus? *Vaidade das vaidades, e tudo é vaidade* (Ecl 1,2), senão amar a Deus e só a ele servir. A suprema sabedoria é esta: pelo desprezo do mundo tender ao reino dos céus.

4. Vaidade é, pois, buscar riquezas perecedoras e confiar nelas. Vaidade é também ambicionar honras e desejar posição elevada. Vaidade é seguir os apetites da carne e desejar aquilo pelo que, depois, serás gravemente castigado. Vaidade é desejar longa vida e, entretanto, descuidar-se de que seja boa. Vaidade é só atender à vida presente sem providenciar para a futura. Vaidade é amar o que passa tão rapidamente e não buscar, pressuroso, a felicidade que sempre dura.

5. Lembra-te sempre do provérbio: *Os olhos não se fartam de ver, nem os ouvidos de ouvir* (Ecl 1,8). Portanto, procura desapegar teu coração do amor às coisas visíveis e afeiçoá-lo às invisíveis: pois aqueles que satisfazem seus apetites sensuais mancham a consciência e perdem a graça de Deus.

CAPÍTULO 2

DO HUMILDE PENSAR DE SI MESMO

1. Todo homem tem desejo natural de saber, mas que aproveitará a ciência, sem o temor de Deus? Melhor é, por certo, o humilde camponês que serve a Deus, do que o filósofo soberbo que observa o curso dos astros, mas se descuida de si mesmo. Aquele que se conhece bem despreza-se e não se compraz em humanos louvores. Se eu soubesse quanto há no mundo, porém me faltasse

a caridade, de que me serviria isso perante Deus, que me há de julgar segundo minhas obras?

2. Renuncia ao desordenado desejo de saber, porque nele há muita distração e ilusão. Os letrados gostam de ser vistos e tidos por sábios. Há muitas coisas cujo conhecimento pouco ou nada aproveita a alma. E muito insensato é quem de outras coisas se ocupa e não das que tocam à sua salvação. As muitas palavras não satisfazem à alma, mas uma palavra boa refrigera o espírito e uma consciência pura inspira grande confiança em Deus.

3. Quanto mais e melhor souberes, tanto mais rigorosamente serás julgado, se com isso não viveres mais santamente. Não te desvaneças, pois, com qualquer arte ou conhecimento que recebeste. Se te parece que sabes e entendes bem muitas coisas, lembra-te que é muito mais o que ignoras. *Não presumas de alta sabedoria* (Rm 11,20), antes confessa a tua ignorância. Como tu queres a alguém preferir-te, quando se acham muitos mais doutos do que tu e mais versados na lei? Se queres saber e aprender coisa útil, deseja ser desconhecido e tido por nada.

4. Não há melhor e mais útil estudo que conhecer-se perfeitamente e desprezar-se a si mesmo. Ter-se por nada e pensar sempre bem e favoravelmente dos outros é prova de grande sabedoria e perfeição. Ainda quando vejas alguém pecar publicamente ou cometer faltas graves, nem por isso te deves julgar melhor, pois não sabes quanto tempo poderás perseverar no bem. Nós todos somos fracos, mas a ninguém deves considerar mais fraco que a ti mesmo.

CAPÍTULO 3

DOS ENSINAMENTOS DA VERDADE

1. Bem-aventurado aquele a quem a verdade por si mesma ensina, não por figuras e vozes que passam, mas como em si é. Nossa opinião e nossos juízos muitas vezes nos enganam e pouco alcançam. De que serve a sutil especulação sobre questões misteriosas e obscuras, de cuja ignorância não seremos julgados? Grande loucura é descurarmos as coisas úteis e necessárias, entregando-nos, com avidez, às curiosas e nocivas. *Temos olhos para não ver* (Sl 113,13).

2. Que se nos dá dos *gêneros* e das *espécies* dos filósofos? Aquele a quem fala o Verbo eterno se desembaraça de muitas questões. Desse Verbo único procedem todas as coisas e todas o proclamam *e esse é o princípio que também nos fala* (Jo 8,25). Sem ele não há entendimento nem reto juízo. Quem acha tudo neste *Único*, e tudo a ele refere e nele tudo vê, poderá ter o coração firme e permanecer em paz com Deus. Ó Deus de verdade, fazei-me um convosco na eterna caridade! Enfastia-me, muita vez, ler e ouvir tantas coisas; pois em vós acho tudo quanto quero e desejo. Calem-se todos os doutores, emudeçam todas as criaturas em vossa presença; falai-me vós só.

3. Quanto mais recolhido for cada um e mais simples de coração, tanto mais sublimes coisas entenderá sem esforço, porque do alto recebe a luz da inteligência. O espírito puro, singelo e constante não se distrai no meio de múltiplas ocupações, porque faz tudo para honra de Deus, sem buscar em coisa alguma o seu próprio interesse. Que mais te impede e perturba do que os afetos

imortificados do teu coração? O homem bom e piedoso ordena primeiro no seu interior as obras exteriores; nem estas o arrasam aos impulsos de alguma inclinação viciosa, senão que as submete ao arbítrio da reta razão. Que mais rude combate haverá do que procurar vencer-se a si mesmo? E este deveria ser nosso empenho: vencermo-nos a nós mesmos, tornarmo-nos cada dia mais fortes e progredirmos no bem.

4. Toda a perfeição, nesta vida, é mesclada de alguma imperfeição, e todas as nossas luzes são misturadas de sombras. O humilde conhecimento de ti mesmo é caminho mais certo para Deus que as profundas pesquisas da ciência. Não é reprovável a ciência ou qualquer outro conhecimento das coisas, pois é boa em si e ordenada por Deus; sempre, porém, devemos preferir-lhe a boa consciência e a vida virtuosa. Muitos, no entanto, estudam mais para saber que para bem viver; por isso erram amiúde e pouco ou nenhum fruto colhem.

5. Ah! Se se empregasse tanta diligência em extirpar vícios e implantar virtudes como em ventilar questões, não haveria tantos males e escândalos no povo, nem tanta relaxação nos claustros. Decerto, no dia do juízo não se nos perguntará o que lemos, mas o que fizemos; nem quão bem temos falado, mas quão honestamente temos vivido. Dize-me: onde estão agora todos aqueles senhores e mestres que bem conheceste, quando viviam e floresciam nas escolas? Já outros possuem suas prebendas e nem sei se porventura deles se lembram. Em vida pareciam valer alguma coisa, e hoje ninguém deles fala.

6. Oh! Como passa depressa a glória do mundo! Oxalá a sua vida tenha correspondido à sua ciência; porque, destarte, terão lido e estudado com fruto. Quantos neste

mundo, descuidados do serviço de Deus, se perdem por uma ciência vã! E porque antes querem ser grandes que humildes, *se esvaecem em seus pensamentos* (Rm 1,21). Verdadeiramente grande é aquele que tem grande caridade. Verdadeiramente grande aquele que a seus olhos é pequeno e avalia em nada as maiores honras. Verdadeiramente prudente é *quem considera como lodo tudo o que é terreno, para ganhar a Cristo* (Fl 3,8). E verdadeiramente sábio aquele que faz a vontade de Deus e renuncia à própria vontade.

CAPÍTULO 4

DA PRUDÊNCIA NAS AÇÕES

1. Não se há de dar crédito a toda palavra nem a qualquer impressão, mas cautelosa e naturalmente se deve, diante de Deus, ponderar as coisas. Mas, ai que mais facilmente acreditamos e dizemos dos outros o mal que o bem, tal é a nossa fraqueza. As almas perfeitas, porém, não creem levianamente em qualquer coisa que se lhes conta, pois conhecem a fraqueza humana inclinada ao mal e fácil de pecar por palavras.

2. Grande sabedoria é não ser precipitado nas ações, nem aferrado obstinadamente à sua própria opinião; sabedoria é também não acreditar em tudo que nos dizem, nem comunicar logo a outros o que ouvimos ou suspeitamos. Toma conselho com um varão sábio e consciencioso e procura antes ser instruído por outrem, melhor que tu, que seguir teu próprio parecer. A vida virtuosa faz o homem sábio diante de Deus e entendido em muitas coisas. Quanto mais humilde for cada um em si e mais sujeito a Deus, tanto mais prudente será e calmo em tudo.

CAPÍTULO 5

DA LEITURA DAS SAGRADAS ESCRITURAS

1. Nas Sagradas Escrituras devemos buscar a verdade, e não a eloquência. Todo livro sagrado deve ser lido com o mesmo espírito que o ditou. Nas Escrituras devemos antes buscar nosso proveito que a sutileza da linguagem. Tão grata nos deve ser a leitura dos livros simples e piedosos, como a dos sublimes e profundos. Não te mova a autoridade do escritor, se é ou não de grandes conhecimentos literários; ao contrário, lê com puro amor a verdade. Não procures saber quem o disse, mas considera o que se diz.

2. Os homens passam, *mas a verdade do Senhor permanece eternamente* (Sl 116,2). De vários modos nos fala Deus, sem acepção de pessoas. A nossa curiosidade nos embaraça, muitas vezes, na leitura das Escrituras; porque queremos compreender e discutir o que se devia passar singelamente. Se queres tirar proveito, lê com humildade, simplicidade e fé, sem cuidar jamais do renome de letrado. Pergunta de boa vontade e ouve calado as palavras dos santos; nem te desagradem as sentenças dos velhos, porque eles não falam sem razão.

CAPÍTULO 6

DAS AFEIÇÕES DESORDENADAS

1. Todas as vezes que o homem deseja alguma coisa desordenadamente, torna-se logo inquieto. O soberbo e o avarento nunca sossegam; entretanto, o pobre e o humilde de espírito vivem em muita paz. O homem que não é perfeitamente mortificado facilmente é tentado

e vencido, até em coisas pequenas e insignificantes. O homem espiritual, ainda um tanto carnal e propenso à sensualidade, só a muito custo poderá desprender-se de todos os desejos terrenos. Daí a sua frequente tristeza, quando deles se abstém, e fácil irritação, quando alguém o contraria.

2. Se, porém, alcança o que desejava, sente logo o remorso da consciência, porque obedeceu à sua paixão, que nada vale para alcançar a paz que almejava. Em resistir, pois, às paixões, se acha a verdadeira paz do coração, e não em segui-las. Não há, portanto, paz no coração do homem carnal, nem no do homem entregue às coisas exteriores, mas somente no daquele que é fervoroso e espiritual.

CAPÍTULO 7

COMO DEVEMOS FUGIR À VÃ ESPERANÇA E PRESUNÇÃO

1. Insensato é quem põe sua esperança nos homens ou nas criaturas. Não te envergonhes de servir a outrem por Jesus Cristo e ser tido como pobre neste mundo. Não confies em ti mesmo, mas põe em Deus tua esperança. Faze de tua parte o que puderes e Deus ajudará tua boa vontade. Não confies em tua ciência, nem na sagacidade de qualquer vivente, mas antes na graça de Deus, que ajuda os humildes e abate os presunçosos.

2. Se tens riquezas, não te glories delas, nem dos amigos, por serem poderosos, senão em Deus, que dá tudo e, além de tudo, deseja dar-se a si mesmo. Não te desvaneças com a airosidade ou formosura de teu corpo, que com pequena enfermidade se quebranta e desfigura.

Não te orgulhes de tua habilidade ou de teu talento para que não desagrades a Deus, de quem é todo bem natural que tiveres.

3. Não te reputes melhor que os outros, para não seres considerado pior por Deus, que conhece tudo que há no homem. Não te ensoberbeças pelas boas obras, porque os juízos dos homens são muito diferentes dos de Deus, a quem não raro desagrada o que aos homens apraz. Se em ti houver algum bem, pensa que ainda melhores são os outros, para assim te conservares na humildade. Nenhum mal te fará se te julgares inferior a todos; muito, porém, se a qualquer pessoa te preferires. De contínua paz goza o humilde; no coração do soberbo, porém, reinam inveja e iras sem conta.

CAPÍTULO 8

COMO SE DEVE EVITAR A EXCESSIVA FAMILIARIDADE

1. *Não abras teu coração a qualquer homem* (Eclo 8,22), mas trata de teus negócios com o sábio e temente a Deus. Com moços e estranhos conversa pouco. Não lisonjeies os ricos, nem busques aparecer muito na presença dos potentados. Busca a companhia dos humildes e simples, dos devotos e morigerados, e trata com eles de assuntos edificantes. Não tenhas familiaridade com mulher alguma; mas, em geral, encomenda a Deus todas as que são virtuosas. Procura intimidade com Deus apenas, e seus anjos, e foge de seres conhecido dos homens.

2. Caridade se deve ter para com todos; mas não convém ter com todos familiaridade. Sucede, frequentemente,

gozar de boa reputação pessoa desconhecida que, na sua presença, desagrada aos olhos dos que a veem. Julgamos, às vezes, agradar aos outros com a nossa intimidade, mas antes os aborrecemos com os defeitos que em nós vão descobrindo.

CAPÍTULO 9

DA OBEDIÊNCIA E SUJEIÇÃO

1. Grande coisa é viver na obediência, sob a direção de um superior, e não dispor da própria vontade. Muito mais seguro é obedecer que mandar. Muitos obedecem mais por necessidade que por amor: por isso sofrem e facilmente murmuram. Esses não alcançarão a liberdade de espírito, enquanto não se sujeitarem de todo o coração, por amor de Deus. Anda por onde quiseres: não acharás descanso senão na humilde sujeição e obediência ao superior. A imaginação dos lugares e mudanças a muitos tem iludido.

2. Verdade é que cada um gosta de seguir seu próprio parecer e mais se inclina àqueles que participam da sua opinião. Entretanto, se Deus está conosco, cumpre-nos, às vezes, renunciar ao nosso parecer por amor da paz. Quem é tão sábio que possa saber tudo completamente? Não confies, pois, demasiadamente em teu próprio juízo; mas atende também, de boa mente, ao dos demais. Se o teu parecer for bom e o deixares, por amor de Deus, para seguires o de outrem, muito lucrarás com isso.

3. Com efeito, muitas vezes ouvi falar que é mais seguro ouvir e tomar conselho que dá-lo. É bem possível que

seja acertado o parecer de cada um: mas não querer ceder aos outros quando a razão ou as circunstâncias o pedem é sinal de soberba e obstinação.

CAPÍTULO 10

COMO SE DEVEM EVITAR AS CONVERSAS SUPÉRFLUAS

1. Evita, quanto puderes, o bulício dos homens, porque muito nos perturbam os negócios mundanos ainda quando tratados com reta intenção; pois bem depressa somos manchados e cativos da vaidade. Quisera eu ter calado muitas vezes e não ter conversado com os homens. Por que razão, porém, nos atraem falas e conversas, se raras vezes voltamos ao silêncio sem dano à consciência? Gostamos tanto de falar, porque pretendemos, com essas conversações, ser consolados uns pelos outros e desejamos aliviar o coração fatigado por preocupações diversas. E ordinariamente sentimos prazer em falar e pensar, ora nas coisas que muito amamos e desejamos, ora nas que nos contrariam.

2. Mas, ai, muitas vezes é em vão e sem proveito, pois essa consolação exterior é muito prejudicial à consolação interior e divina. Cumpre, portanto, vigiar e orar, para que não passe o tempo ociosamente. Se for lícito e oportuno falar, seja de coisas edificantes. O mau costume e o descuido do nosso progresso espiritual concorrem muito para o desenfreamento de nossa língua. Ajudam muito, porém, ao aproveitamento espiritual os devotos colóquios sobre coisas espirituais, mormente quando se associam em Deus pessoas que pensam e sentem do mesmo modo.

CAPÍTULO 11

DA PAZ E DO ZELO EM APROVEITAR

1. Muita paz podíamos gozar se não nos quiséssemos ocupar com os ditos e fatos alheios que não pertencem ao nosso cuidado. Como pode ficar em paz por muito tempo aquele que se intromete em negócios alheios, que busca relações exteriores, que raras vezes e mal se recolhe interiormente? Bem-aventurados os simples, porque hão de ter muita paz!

2. Por que muitos santos foram tão perfeitos e contemplativos? É que eles procuraram mortificar-se inteiramente em todos os desejos terrenos e assim puderam, no íntimo de seu coração, unir-se a Deus e atender livremente a si mesmos. Nós, porém, nos ocupamos demasiadamente das próprias paixões e cuidados com excesso das coisas transitórias. Raro é vencermos sequer um vício perfeitamente; não nos inflamamos no desejo de progredir cada dia; daí a frieza e tibieza em que ficamos.

3. Se estivéssemos perfeitamente mortos a nós mesmos e interiormente desimpedidos, poderíamos criar gosto pelas coisas divinas e algo experimentar das doçuras da celeste contemplação. O que principalmente e mais nos impede é o não estarmos ainda livres das nossas paixões e concupiscências, nem nos esforçarmos por trilhar o caminho perfeito dos santos. Basta um pequeno contratempo para desalentarmos completamente e voltarmos a procurar consolações humanas.

4. Se nos esforçássemos por ficar firmes no combate, como soldados valentes, por certo veríamos descer sobre nós o socorro de Deus, pois ele está sempre pronto a auxiliar os combatentes confiados em sua graça: Aquele que

nos proporciona ocasiões de peleja para que logremos a vitória. Se fizermos consistir nosso aproveitamento espiritual tão somente nas observâncias exteriores, nossa devoção será de curta duração. Metamos, pois, o machado à raiz, para que, livre das paixões, goze paz nossa alma.

5. Se cada ano extirpássemos um só vício, em breve seríamos perfeitos. Contudo, agora, muitas vezes experimentamos que éramos melhores, e nossa vida mais pura, no princípio da nossa conversão que depois de muitos anos de profissão. O nosso fervor e aproveitamento deveriam crescer a cada dia; mas, agora, considera-se grande coisa poder alguém conservar parte do primitivo fervor. Se no princípio fizéramos algum esforço, tudo poderíamos, em seguida, fazer com facilidade e gosto.

6. Custoso é deixar nossos costumes; mais custoso, porém, contrariar a própria vontade. Mas, se não vences obstáculos pequenos e leves, como triunfarás dos maiores? Resiste no princípio à tua inclinação e rompe com o mau costume, para que não te metas pouco a pouco em maiores dificuldades. Oh, se bem considerasses quanta paz gozarias e quanto prazer darias aos outros se vivesses bem, decerto cuidarias mais do teu adiantamento espiritual.

CAPÍTULO 12

DA UTILIDADE DAS ADVERSIDADES

1. Bom é passarmos algumas vezes por aflições e contrariedades, porque frequentemente fazem o homem refletir, lembrando-lhe que vive no desterro e, portanto, não deve pôr sua esperança em coisa alguma do mundo.

Bom é encontrarmos às vezes contradições, e que de nós façam conceito mau ou pouco favorável, ainda quando nossas obras e intenções sejam boas. Isso ordinariamente nos conduz à humildade e nos preserva da vanglória, porque, então, mais depressa recorremos ao testemunho interior de Deus, quando de fora somos vilipendiados e desacreditados pelos homens.

2. Por isso, devia o homem firmar-se de tal modo em Deus, que lhe não fosse mais necessário mendigar consolações às criaturas. Assim que o homem de boa vontade está atribulado ou tentado, ou molestado por maus pensamentos, sente logo melhor a necessidade que tem de Deus, sem o qual não pode fazer bem algum. Então se entristece, geme e chora pelas misérias que padece. Então causa-lhe tédio viver mais tempo, e deseja que venha a morte livrá-lo do corpo e uni-lo a Cristo. Então compreende também que neste mundo não pode haver perfeita segurança nem paz completa.

CAPÍTULO 13

COMO SE HÁ DE RESISTIR ÀS TENTAÇÕES

1. Enquanto vivemos neste mundo, não podemos estar sem trabalhos e tentações. Por isso, lemos no Livro de Jó (7,1): *É um combate a vida do homem sobre a terra.* Cada qual, pois, deve estar acautelado contra as tentações, mediante a vigilância e a oração, para não dar azo às ilusões do demônio, que nunca dorme, *mas anda por toda parte em busca de quem possa devorar* (1Pd 5,8). Ninguém há tão perfeito e santo, que não tenha, às vezes, tentações, e não podemos ser delas totalmente isentos.

2. São, todavia, utilíssimas ao homem as tentações, posto que sejam molestas e graves, porque nos humilham, purificam e instruem. Todos os santos passaram por muitas tribulações e tentações, e com elas aproveitaram; aqueles, porém, que não as puderam suportar foram reprovados e pereceram. Não há Ordem tão santa nem lugar tão retirado em que não haja tentações e adversidades.

3. Nenhum homem está totalmente livre de tentações enquanto vive, porque em nós mesmos está a causa donde procedem: a concupiscência em que nascemos. Mal acaba uma tentação ou tribulação, outra sobrevém, e sempre teremos que sofrer, porque perdemos o dom da primitiva felicidade. Muitos procuram fugir às tentações, e outras piores encontram. Não basta a fuga para vencê-las; é pela paciência e verdadeira humildade que nos tornamos mais fortes que todos os nossos inimigos.

4. Pouco adianta quem somente evita as ocasiões exteriores, sem arrancar as raízes; antes lhe voltarão mais depressa as tentações e se achará pior. Vencê-las-á melhor com o auxílio de Deus, pouco a pouco, com paciência e resignação, que com importuna violência e esforço próprio. Toma amiúde conselho na tentação e não sejas desabrido e áspero para o que é tentado, trata antes de o consolar, como desejas ser consolado.

5. O princípio de todas as más tentações é a inconstância do espírito e a pouca confiança em Deus; pois, assim como as ondas lançam de uma parte a outra o navio sem leme, assim as tentações combatem o homem descuidado e inconstante em seus propósitos. O ferro é provado pelo fogo, e o justo pela tentação. Ignoramos muitas vezes o que podemos, mas a tentação manifesta

o que somos. Todavia, devemos vigiar, principalmente no princípio da tentação; porque mais fácil nos será vencer o inimigo, quando não o deixarmos entrar na alma, enfrentando-o logo que bater no limiar. Por isso, disse alguém: *Resiste desde o princípio, que vem tarde o remédio, quando cresceu o mal com a muita demora* (Ovídio). Porque primeiro ocorre à mente um simples pensamento, donde nasce a importuna imaginação, depois o deleite, o movimento; e assim, pouco a pouco, entra de todo na alma o malvado inimigo, porque se lhe não resistiu a princípio. E quanto mais alguém for indolente em lhe resistir, tanto mais fraco se tomará cada dia, e mais forte o seu adversário.

6. Uns padecem maiores tentações no começo de sua conversão, outros, no fim; outros por quase toda a vida são molestados por elas. Alguns são tentados levemente, segundo a sabedoria da Divina Providência, que pondera as circunstâncias e o merecimento dos homens, e tudo predispõe para a salvação de seus eleitos.

7. Por isso, não devemos nos desesperar quando somos tentados; mas até, com maior fervor, pedir a Deus que se digne ajudar-nos em toda provação, pois que, no dizer de São Paulo, *nos dará graça suficiente na tentação para que a possamos vencer* (1Cor 10,13). Humilhemos, portanto, nossas almas, debaixo da mão de Deus, em qualquer tentação e tribulação, porque ele há de salvar e engrandecer os que são humildes de coração.

8. Nas tentações e adversidades se vê o quanto cada um tem aproveitado; nelas consiste o maior merecimento e se patenteia melhor a virtude. Não é lá grande coisa ser o homem devoto e fervoroso quando tudo lhe corre bem; mas, se no tempo da adversidade conserva

a paciência, pode-se esperar grande progresso. Alguns há que vencem as grandes tentações e, nas pequenas, caem frequentemente, para que, humilhados, não presumam de si grandes coisas, visto que com tão pequenas sucumbem.

CAPÍTULO 14

COMO SE DEVE EVITAR O JUÍZO TEMERÁRIO

1. Relanceia sobre ti o olhar e guarda-te de julgar as ações alheias. Quem julga os demais perde o trabalho, quase sempre se engana e facilmente peca; mas, examinando-se e julgando-se a si mesmo, trabalha sempre com proveito. De ordinário, julgamos as coisas segundo a inclinação do nosso coração, pois o amor-próprio facilmente nos altera a retidão do juízo. Se Deus fora sempre o único objetivo dos nossos desejos, não nos perturbaria tão facilmente qualquer oposição ao nosso parecer.

2. Muitas vezes existe, dentro ou fora de nós, alguma coisa que nos atrai e em nós influi. Muitos buscam secretamente a si mesmos em suas ações e não o percebem. Parecem até gozar de boa paz, enquanto as coisas correm à medida de seus desejos; mas, se de outra sorte sucede, logo se inquietam e entristecem. Da discrepância de pareceres e opiniões frequentemente nascem discórdias entre amigos e vizinhos, entre religiosos e pessoas piedosas.

3. É custoso perder um costume inveterado, e ninguém renuncia, de boa mente, a seu modo de ver. Se mais confias em tua razão e talento que na graça de Jesus Cristo, só raras vezes e tarde serás iluminado; pois Deus quer que nos sujeitemos perfeitamente a ele e que nos elevemos acima de toda razão humana, inflamados do seu amor.

CAPÍTULO 15

DAS OBRAS FEITAS COM CARIDADE

1. Por nenhuma coisa do mundo, nem por amor de pessoa alguma, se deve praticar qualquer mal; mas, em prol de algum necessitado, pode-se, às vezes, omitir uma boa obra ou trocá-la por outra melhor. Dessa forma, a boa obra não se perde, mas se converte em outra melhor. Sem a caridade, nada vale a obra exterior; tudo, porém, que da caridade procede, por insignificante e desprezível que seja, produz abundantes frutos, porque Deus não atende tanto à obra, como à intenção com que a fazemos.

2. Muito faz aquele que muito ama. Muito faz quem bem faz o que faz. Bem faz quem serve mais ao bem comum que à sua própria vontade. Muitas vezes parece caridade o que é mero amor-próprio, porque raras vezes nos deixam a inclinação natural, a própria vontade, a esperança da recompensa, o nosso interesse.

3. Aquele que tem verdadeira e perfeita caridade em nada se busca a si mesmo, mas deseja que tudo se faça para a glória de Deus. De ninguém tem inveja, porque não deseja proveito algum pessoal, nem busca sua felicidade em si, mas procura sobre todas as coisas ter alegria e felicidade em Deus. Não atribui bem algum à criatura, mas refere tudo a Deus, como à fonte de que tudo procede, e em que, como em fim último, acham todos os santos o deleitoso repousar. Oh, quem tivera só uma centelha de verdadeira caridade logo compreenderia a vaidade de todas as coisas terrenas!

CAPÍTULO 16

DO SOFRER OS DEFEITOS DOS OUTROS

1. Aquilo que o homem não pode emendar em si mesmo ou nos demais, deve ele tolerar com paciência, até que Deus disponha de outro modo. Considera que talvez seja melhor assim, para provar tua paciência, sem a qual não têm grande valor nossos méritos. Todavia, convém, nesses embaraços, pedir a Deus que te auxilie, para que os possas levar com seriedade.

2. Se alguém, com uma ou duas advertências, não se emendar, não contendas com ele; mas encomenda tudo a Deus para que seja feita a sua vontade e seja ele honrado em todos os seus servos, pois sabe tirar bem do mal. Procura sofrer com paciência os defeitos e quaisquer imperfeições dos outros, pois tens também muitas que os outros têm de aturar. Se não te podes modificar como desejas, como pretendes ajeitar os outros à medida de teus desejos? Muito desejamos que os outros sejam perfeitos, e nem por isso emendamos as nossas faltas.

3. Queremos que os outros sejam corrigidos com rigor, e nós não queremos ser repreendidos. Estranhamos a larga liberdade dos outros, e não queremos sofrer recusa alguma. Queremos que os outros sejam apertados por estatutos e não toleramos nenhum constrangimento que nos coíba. Donde claramente se vê quão raras vezes tratamos o próximo como a nós mesmos. Se todos fossem perfeitos, que teríamos então de sofrer nós mesmos por amor de Deus?

4. Ora, Deus assim o dispôs para que aprendamos a carregar uns o fardo dos outros; porque ninguém há sem defeito; ninguém sem carga; ninguém com força e juízo

bastante para si; mas cumpre que uns aos outros nos suportemos, consolemos, auxiliemos, instruamos e aconselhemos. Quanta virtude cada um possui, melhor se manifesta na ocasião da adversidade; pois as ocasiões não fazem o homem fraco, mas revelam o que ele é.

CAPÍTULO 17

DA VIDA MONÁSTICA

1. Aprende a abnegar-te em muitas coisas se queres ter paz e concórdia com os outros. Não é pouco habitar em mosteiros ou congregações religiosas, viver ali sem queixas e perseverar fielmente até à morte. Bem-aventurado é aquele que aí vive bem e termina a vida com um fim abençoado! Se queres permanecer firme e fazer progressos, considera-te como desterrado e peregrino sobre a terra. Convém fazer-te louco por amor de Cristo, se queres seguir a vida religiosa.

2. De pouca monta são o hábito e a tonsura: são a mudança dos costumes e a perfeita mortificação das paixões que fazem o verdadeiro religioso. Quem outra coisa procura senão a Deus só e a salvação de sua alma, só achará tribulações e angústias. Não pode ficar por muito tempo em paz quem não procura ser o menor e o mais submisso de todos.

3. Para servir vieste, não para mandar; lembra-te que foste chamado para trabalhar e sofrer, e não para folgar e conversar. Aqui, pois, se provam os homens, à semelhança do ouro da fornalha. Aqui, ninguém perseverará, se não quiser humilhar-se, de todo o coração, por amor de Deus.

CAPÍTULO 18

DOS EXEMPLOS DOS SANTOS PADRES

1. Contempla os salutares exemplos dos Santos Padres, nos quais brilhou a verdadeira perfeição religiosa, e verás quão pouco ou quase nada é o que fazemos. Ah, que é a nossa vida em comparação com a deles? Os santos e amigos de Cristo serviram ao Senhor em fome e sede, em frio e nudez, em trabalho e fadiga, em vigílias e jejuns, em orações e santas meditações, em perseguições e muitos opróbrios.

2. Oh, quantas e quão graves tribulações sofreram os apóstolos, os mártires, os confessores, as virgens e todos quantos quiseram seguir as pisadas de Cristo! Odiaram suas almas neste mundo para possuí-las eternamente no outro. Oh, que vida austera e mortificada levaram os Santos Padres no deserto! Que contínuas e graves tentações suportaram! Quantas vezes foram atormentados pelo inimigo! Quantas orações fervorosas ofereceram a Deus! Que rigorosas abstinências praticaram! Que zelo e fervor tiveram em seu adiantamento espiritual! Que guerra fizeram para subjugar os vícios! Com que pura e reta intenção buscaram a Deus! Durante o dia trabalhavam e passavam as noites em orações ainda que trabalhando não interrompessem um momento a oração mental.

3. Todo o tempo empregavam utilmente; toda hora lhes parecia breve convivida com Deus; e pela grande doçura das contemplações se esqueciam até da necessária refeição do corpo. Renunciavam a todas as riquezas, dignidades, honras, amigos e parentes; nada queriam do mundo; apenas tomavam o indispensável para a vida

e só com pesar satisfaziam as exigências da natureza. Assim eram pobres nos bens terrenos, mas muito ricos de graças e virtudes. Exteriormente lhes faltava tudo; interiormente, porém, se deliciavam com graças e consolações divinas.

4. Ao mundo eram estranhos, mas íntimos e familiares amigos de Deus. A si mesmos tinham em conta de nada e o mundo os desprezava; mas eram preciosos e queridos aos olhos de Deus. Mantinham-se na verdadeira humildade, viviam em singela obediência, andavam em caridade e paciência; assim, cada dia faziam progresso na vida espiritual e mais a Deus agradavam. Esses foram dados por modelos a todos os religiosos, e mais nos devem estimular ao progresso espiritual do que a multidão dos tíbios ao esmorecimento.

5. Oh, quanto foi o fervor de todos os religiosos nos primeiros tempos de seus santos institutos! Quanta piedade na oração! Que emulação nas virtudes! Que austera disciplina vigorava então! Que respeito e obediência aos preceitos do superior reluzia em todos! Os vestígios que deixaram ainda atestam que foram verdadeiramente varões santos e perfeitos os que em tão renhidos combates venceram o mundo. Hoje já se considera grande quem não é transgressor da regra e com paciência suporta o jugo que se impôs.

6. Ó tibieza e desleixo do nosso estado, que tão depressa declinamos do fervor primitivo e já nos causa tédio o viver por tanta negligência e frouxidão! Oxalá em ti não entorpeça de todo o desejo de progredir nas virtudes, já que tantos modelos viste de perfeição!

CAPÍTULO 19

DOS EXERCÍCIOS DO BOM RELIGIOSO

1. A vida do bom religioso deve ser ornada de todas as virtudes, para que corresponda o interior ao que por fora veem os homens; e com razão, ainda mais perfeito deve ser no interior do que por fora parece, pois lá penetra o olhar perscrutador de Deus, a quem devemos suma reverência em qualquer lugar onde estivermos e em cuja presença devemos andar com pureza angélica. Cada dia devemos renovar nosso propósito e exercitar-nos a maior fervor, como se esse fosse o primeiro dia de nossa conversão, dizendo: Confortai-me, Senhor, meu Deus, no bom propósito e em vosso santo serviço; concedei-me começar hoje deveras, pois nada é o que até aqui tenho feito.

2. A medida da nossa resolução será nosso progresso e grande solicitude exige o sério aproveitamento. Se aquele que toma enérgicas resoluções tantas vezes cai, que será daquele que as toma raramente ou menos firmemente propõe? Sucede, porém, de vários modos deixarmos o nosso propósito; e raras vezes passa sem dano qualquer leve omissão de nossos exercícios. O propósito dos justos mais se firma na graça de Deus que em sua própria sabedoria; nela confiam sempre, em qualquer empreendimento. Porque o homem propõe, mas Deus dispõe, e *não está na mão do homem o seu caminho* (Jr 10,23).

3. Quando, por motivo de piedade ou proveito do próximo, se deixa alguma vez o costumado exercício, fácil é reparar depois essa falta; omiti-lo, porém, facilmente, por enfado ou negligência, já é bastante culpável, e sentir-se-á

o prejuízo. Esforcemo-nos quanto pudermos, ainda assim cairemos em muitas faltas; contudo, devemos sempre fazer um propósito determinado, mormente contra os principais obstáculos do nosso progresso espiritual. Devemos examinar e ordenar tanto o interior como o exterior, porque ambos importam ao nosso aproveitamento.

4. Se não podes continuamente estar recolhido, recolhe-te de vez em quando, ao menos uma vez por dia, pela manhã ou à noite. De manhã toma resoluções e à noite examina tuas ações: como te houveste hoje em palavras, obras e pensamentos, porque nisso, talvez não raro, tenhas ofendido a Deus e ao próximo. Arma-te varonilmente contra as maldades do demônio; refreia a gula e facilmente refrearás todo apetite carnal. Nunca estejas de todo desocupado, mas lê ou escreve ou reza ou medita ou faz alguma coisa de proveito comum. Nos exercícios corporais, porém, haja toda discrição, porque não convém igualmente a todos.

5. Os exercícios pessoais não se devem fazer publicamente; mais seguro é praticá-los secretamente. Guarda-te de ser negligente nos exercícios da regra e mais diligente nos particulares; mas, satisfeitas inteira e fielmente as coisas de obrigação e preceito, se tempo sobrar, ocupa-te em exercícios, conforme te inspirar a tua devoção. Nem todos podem ter o mesmo exercício; um convém mais a este, outro àquele. Até do tempo depende a conveniência e o atrativo das práticas; porque umas são mais apropriadas para os dias festivos, outras para os dias comuns; dumas precisamos para o tempo da tentação, de outras no tempo de paz e sossego. Numas coisas gostamos de meditar quando estamos tristes, e noutras quando estamos alegres no Senhor.

6. À volta das festas principais devemos renovar os nossos bons exercícios e com mais fervor implorar a intercessão dos santos. De uma para outra festividade devemos preparar-nos, como se então houvéssemos de sair deste mundo e chegar à festividade eterna. Por isso, devemos aparelhar-nos diligentemente nos tempos de devoção, com vida mais piedosa e observância mais fiel de todas as regras, como se houvéssemos de receber em breve o galardão do nosso trabalho.

7. E, se for adiada essa hora, tenhamos por certo que não estamos ainda bem preparados nem dignos de tamanha glória que, a seu tempo, se revelará em nós, e tratemos de nos preparar para a morte. *Bem-aventurado o servo*, diz o evangelista São Lucas, *a quem o Senhor, quando vier, achar vigiando. Em verdade vos digo que o constituirá sobre todos os seus bens* (12,37.43).

CAPÍTULO 20

DO AMOR À SOLIDÃO E AO SILÊNCIO

1. Procura tempo oportuno para cuidar de ti e relembra amiúde os benefícios de Deus. Renuncia às curiosidades e escolhe leituras tais que mais sirvam para te compungir, que para te distrair. Se te abstiveres de conversações supérfluas e passeios ociosos, como também de ouvir novidades e boatos, acharás tempo suficiente e adequado para te entregares a santas meditações. Os maiores santos evitavam quanto podiam a companhia dos homens, preferindo viver com Deus, em retiro.

2. Disse alguém: *Sempre que estive entre os homens, menos homem voltei* (Sêneca, Epist. 7). Isso experimentamos,

muitas vezes, quando falamos muito. Mais fácil é calar de todo, do que não tropeçar em alguma palavra. Mais fácil é ficar oculto em casa, que fora dela ter a necessária cautela. Quem, pois, pretende chegar à vida interior e espiritual, importa-lhe que se afaste da turba, com Jesus. Ninguém, sem perigo, se mostra em público, senão quem gosta de esconder-se. Ninguém seguramente fala, senão quem gosta de calar. Ninguém seguramente manda, senão o que perfeitamente aprendeu a obedecer.

3. Não pode haver alegria segura sem o testemunho de boa consciência. Contudo, a segurança dos santos estava sempre misturada com o temor de Deus; nem eram menos cuidadosos e humildes em si mesmos, porque resplandeciam em grandes virtudes e graças. A segurança dos maus, porém, nasce da soberba e presunção, e acaba por enganar-se a si mesma. Nunca te dês por seguro nesta vida, ainda que pareças bom religioso ou devoto ermitão.

4. Muitas vezes os melhores no conceito dos homens correram graves perigos por sua demasiada confiança. Por isso, para muitos é melhor não serem de todo livres de tentações, mas que sejam frequentemente combatidos, para que não confiem demasiadamente em si, nem se exaltem com soberba, tampouco busquem com ânsia as consolações exteriores. Oh, quem nunca buscasse alegria transitória, nem deste mundo cuidasse, que consciência pura teria! Oh, quem arredasse todo vão cuidado, para só cuidar das coisas salutares e divinas, pondo toda a sua confiança em Deus, de que grande paz e sossego gozaria!

5. Ninguém é digno da consolação celestial, senão quem se exercitar, com diligência, na santa compunção. Se queres compungir-te de coração, entra em teu quarto, despede todo o bulício do mundo, conforme está escrito:

Compungi-vos em vossos cubículos (Sl 4,5). Na cela acharás o que fora dela muitas vezes perdes. A cela bem guardada causa doçura, e pouco frequentada gera enfado. Se bem a guardares e habitares no princípio de tua conversão, ser-te-á depois querida companheira e suavíssimo consolo,

6. No silêncio e sossego faz progressos uma alma devota e aprende os segredos das Escrituras. Ali ela acha a fonte de lágrimas com que todas as noites se lava e purifica, para tanto mais de perto unir-se ao Criador quanto mais retirada viver do tumulto do mundo. Aquele, pois, que se aparta de seus amigos e conhecidos verá aproximar-se Deus com seus santos anjos. Melhor é estar solitário e tratar de sua alma, que, descurando-a, fazer milagres. Merece louvor o religioso que raro sai, que foge de ser visto pelos homens e nem procura vê-los.

7. Para que queres ver o que não te é lícito possuir? *Passa o mundo e a sua concupiscência* (1Jo 2,17). A inclinação sensual convida a passeios; passada, porém, aquela hora, o que nos fica senão consciência pesada e coração distraído? À saída alegre, muitas vezes sucede um regresso triste e, à véspera deleitosa, uma triste manhã. Assim, todo gosto carnal entra suavemente; no fim, porém, remorde e mata. Que poderás ver alhures que aqui não vejas? Eis: aqui tens o céu, a terra e todos os elementos; e deles são feitas todas as coisas.

8. Que poderás ver, em parte alguma, estável debaixo do sol por muito tempo? Pensas talvez satisfazer-te completamente? Pois não o conseguirás. Se visses diante de ti todas as coisas, que seria senão vã fantasia? Levanta os olhos a Deus nas alturas e pede perdão de teus pecados e negligências. Deixa as vaidades para os fúteis; tu, porém, atende ao que Deus te manda. Fecha atrás de ti a

porta e chama a teu Jesus amado. Fica-te com Ele em tua cela, porque tanta paz em outra parte não acharás. Se não tivesses saído e escutado os rumores do mundo, melhor terias conservado a santa paz; enquanto folgares de ouvir novidades, terás que sofrer desassossego do coração.

CAPÍTULO 21

DA COMPUNÇÃO DO CORAÇÃO

1. Se queres fazer algum progresso, conserva-te no temor de Deus e não busques demasiada liberdade; refreia, antes, todos os teus sentidos com a disciplina e não te entregues à vã alegria. Procura a compunção do coração e acharás a devoção. A compunção descobre tesouros, que a dissipação bem depressa costuma desperdiçar. É de estranhar que o homem jamais possa, nesta vida, gozar perfeita alegria, se considera seu exílio e pondera os muitos perigos de sua alma.

2. Pela leviandade do coração e pelo descuido dos nossos defeitos não percebemos os males de nossa alma; e, muitas vezes, rimo-nos frivolamente, quando, com razão, devíamos chorar. Não há verdadeira liberdade nem perfeita alegria sem o temor de Deus e boa consciência. Ditoso aquele que pode apartar de si todo estorvo das distrações e recolher-se com santa compunção. Ditoso aquele que rejeita tudo que lhe possa manchar ou agravar a consciência. Peleja varonilmente: um costume com outro se vence.

3. Se souberes deixar os homens, eles te deixarão fazer tuas boas obras. Não te metas em coisas alheias, nem te impliques nos negócios dos grandes. Olha sempre primeiro para ti e admoesta-te com mais particularidade

que a todos os teus amigos. Não te entristeça a falta dos humanos favores, mas penalize-te o não viveres com tanta cautela e prudência como convém a um servo de Deus e devoto religioso. Mais útil e mais seguro é para o homem não ter nesta vida muitas consolações, mormente sensíveis. Todavia, se não temos ou raramente sentimos o consolo divino, a culpa é nossa, porque não procuramos a compunção do coração, nem rejeitamos de todo as vãs consolações exteriores.

4. Reconhece que és indigno da consolação divina, mas antes merecedor de muitas aflições. Quando um homem está perfeitamente compungido, logo se lhe torna enfadonho e amargo o mundo todo. O homem justo sempre acha bastante matéria para afligir-se e chorar. Pois, quer olhe para si, quer para o próximo, sabe que ninguém passa esta vida sem tribulações. E quanto mais atentamente se considera, tanto mais profunda é a sua dor. Matéria de justa mágoa e profundo pesar são nossos pecados e vícios, aos quais de tal sorte estamos presos, que raras vezes podemos contemplar as coisas do céu.

5. Se mais amiúde pensasses na morte que numa vida de muitos anos, não há dúvida que tua emenda seria mais fervorosa. Se também meditasses seriamente nas penas futuras do inferno ou do purgatório, creio que sofrerias de bom grado trabalhos e dores, sem recear nenhuma austeridade. Mas, como estas coisas não nos penetram o coração e amamos ainda os regalos, ficamos frios e muito tíbios.

6. É muitas vezes pela fraqueza do espírito que este miserável corpo se queixa tão facilmente. Pede, pois, humildemente ao Senhor que te dê o espírito de compunção, e diz, com o profeta: *Sustenta-me, Senhor, com o pão das lágrimas e a bebida copiosa do pranto* (Sl 79,6).

CAPÍTULO 22

DA CONSIDERAÇÃO DA MISÉRIA HUMANA

1. Miserável serás, onde quer que estejas e para onde quer que te voltes, senão te voltares para Deus. Por que te afliges, quando não te correm as coisas a teu gosto e vontade? Quem é que tem tudo à medida de seu desejo? Nem eu, nem tu, nem homem algum sobre a terra. Ninguém há no mundo sem nenhuma tribulação ou angústia, quer seja rei quer papa. Quem é que vive mais feliz? Aquele, decerto, que sabe sofrer alguma coisa por Deus.

2. Dizem muitos mesquinhos e tíbios: Olhai que boa vida tem este homem: quão rico é, quão grande e poderoso, de que alta posição! Olha tu para os bens do céu e verás que nada são os bens temporais, mas muito incertos e onerosos, pois nunca vive sem temor e cuidado quem os possui. Não consiste a felicidade do homem na abundância dos bens temporais; basta-lhe a mediania. O viver na terra é verdadeira miséria. Quanto mais espiritual quer ser o homem, mais amarga lhe será a vida presente, porque conhece melhor e mais claramente vê os defeitos da humana corrupção. Porque o comer, beber, velar, dormir, descansar, trabalhar e estar sujeito a todas as demais necessidades da natureza é tudo, na verdade, grande miséria e aflição para o homem espiritual que deseja estar isento disto e livre de todo pecado.

3. Sim, muito oprimido se sente o homem interior com as necessidades corporais neste mundo. Por isto roga o profeta a Deus, devotamente, que o livre delas, dizendo: *Livrai-me, Senhor, das minhas necessidades* (Sl 24,17). Mas, ai daqueles que não conhecem a sua miséria e, outra vez, ai daqueles que amam esta miserável e corruptível vida! Por-

que há alguns tão apegados a ela – posto que mal arranjem o necessário com o trabalho ou com a esmola – que, se pudessem viver aqui sempre, nada se lhes daria do Reino de Deus.

4. Ó insensatos e duros de coração, que tão profundamente jazem apegados à terra, que não gostam senão das coisas carnais. Infelizes! Lá virá o tempo em que hão de sentir, muito a seu custo, como era vil e nulo aquilo que amaram. Os santos de Deus, e todos os fiéis amigos de Cristo, não tinham em conta o que agradava à carne nem o que neste mundo brilhava, mas toda a sua esperança e intenção se fixavam nos bens eternos. Todo o seu desejo se elevava para as coisas invisíveis e perenes, para que o amor do visível não os arrastasse a desejar as coisas inferiores. Não percas, irmão meu, a confiança de fazer progressos na vida espiritual; ainda tens tempo e ocasião.

5. Por que queres adiar tua resolução? Levanta-te, começa já e diz: Agora é tempo de agir, agora é tempo de pelejar, agora é tempo próprio para me emendar. Quando estás atribulado e aflito, é tempo de merecer. *Importa que passes por fogo e água, antes que chegues ao refrigério* (Sl 65,12). Se não te fizeres violência, não vencerás os vícios. Enquanto estamos neste frágil corpo não podemos estar sem pecado, nem viver sem enfado e dor. Bem quiséramos descanso de toda miséria; mas como pelo pecado perdemos a inocência, perdemos também a verdadeira felicidade. Por isso, devemos ter paciência e confiar na divina misericórdia, até que *passe a iniquidade* (Sl 52,6) e a vida absorva esta mortalidade (2Cor 5,4).

6. Como é grande a fragilidade humana, inclinada sempre ao mal! Hoje confessas os teus pecados, e amanhã cometes outra vez os mesmos que confessaste. Resolves

agora acautelar-te, e daqui a uma hora te portas como quem nada se propôs. Com muita razão nos devemos humilhar e não nos ter em grande conta, já que tão frágeis somos e tão inconstantes. Assim, facilmente se pode perder pela negligência o que tanto nos custou a adquirir com a divina graça.

7. Que será de nós no fim, se já tão cedo somos tíbios? Ai de nós, se assim procuramos repouso, como se já estivéssemos em paz e segurança, quando nem sinal aparece em nossa vida de verdadeira santidade. Bem necessário nos fora que nos instruíssemos de novo, como bons noviços, nos bons costumes; talvez que assim houvesse esperança de alguma emenda futura e maior progresso espiritual.

CAPÍTULO 23

DA MEDITAÇÃO DA MORTE

1. Mui depressa chegará teu fim neste mundo; vê, pois, como te preparas: hoje está vivo o homem e amanhã já não existe. Entretanto, logo que se perdeu de vista, também se perderá da memória. Ó cegueira e dureza do coração humano, que só cuida do presente, sem olhar para o futuro! De tal modo te deves haver em todas as tuas obras e pensamentos, como se fosse já a hora da morte. Se tivesses boa consciência não temerias muito a morte. Melhor fora evitar o pecado que fugir da morte. Se não estás preparado hoje, como o estarás amanhã? O dia de amanhã é incerto, e quem sabe se te será concedido?

2. Que nos aproveita vivermos muito tempo, quando tão pouco nos emendamos? Oh, nem sempre traz emenda

a longa vida, senão que aumenta, muitas vezes, a culpa. Oxalá tivéssemos, um dia sequer, vivido bem neste mundo! Muitos contam os anos decorridos desde a sua conversão; frequentemente, porém, é pouco o fruto da emenda. Se é tanto para temer o morrer, talvez seja ainda mais perigoso o viver muito. Bem-aventurado aquele que medita sempre sobre a hora da morte e para ela se dispõe cada dia. Se já viste alguém morrer, reflete que também tu passarás pelo mesmo caminho.

3. Pela manhã, pensa que não chegarás à noite, e à noite não te prometes o dia seguinte. Por isso, anda sempre preparado e vive de tal modo que te não encontre a morte desprevenido. Muitos morrem repentina e inesperadamente; *pois na hora em que menos se pensa, virá o Filho do Homem* (Lc 12,40). Quando vier aquela hora derradeira, começarás a julgar mui diferentemente toda a tua vida passada e doer-te-á muito teres sido tão negligente e remisso.

4. Quão feliz e prudente é aquele que procura ser em vida como deseja que o ache a morte. Pois o que dará grande confiança de morte abençoada é o perfeito desprezo do mundo, o desejo ardente do progresso na virtude, o amor à disciplina, o rigor na penitência, a prontidão na obediência, a renúncia de si mesmo e a paciência em sofrer, por amor de Cristo, qualquer adversidade. Mui fácil é praticar o bem enquanto estás são; mas, quando enfermo, não sei o que poderás. Poucos melhoram com a enfermidade; raro também se santificam os que andam em muitas peregrinações.

5. Não confies em parentes e amigos, nem proteles para mais tarde o negócio de tua salvação, porque mais depressa do que pensas te esquecerão os homens. Melhor é providenciar agora e fazer algo de bem, do que esperar

pelo socorro dos outros. Se não cuidas de ti no presente, quem cuidará de ti no futuro? Mui precioso é o tempo presente: *agora são os dias de salvação, agora é o tempo favorável* (2Cor 6,2). Mas, ai, que melhor não aproveitas o meio pelo qual podes merecer viver eternamente! Tempo virá se desejares, um dia, uma hora sequer, para a tua emenda, e não sei se a alcançarás.

6. Olha, meu caro irmão, de quantos perigos te poderias livrar e de quantos terrores fugir, se sempre andasses temeroso e desconfiado da morte. Procura agora de tal modo viver, que na hora da morte te possas antes alegrar que temer. Aprende agora a desprezar tudo, para então poderes voar livremente a Cristo. Castiga agora teu corpo pela penitência, para que possas então ter legítima confiança.

7. Ó louco, que pensas viver muito tempo quando não tens seguro nem um só dia! Quantos têm sido logrados e, de improviso, arrancados ao corpo! Quantas vezes ouviste contar: morreu este pela espada; afogou-se aquele; este outro, caindo do alto, quebrou a cabeça; um morreu comendo, outro expirou jogando. Estes se terminaram pelo fogo, aqueles pelo ferro, uns pela peste, outros pelas mãos dos ladrões, e de todos é o fim a morte, e, *depressa, qual sombra, acaba a vida do homem* (Sl 143,4).

8. Quem se lembrará de ti depois da morte? E quem rogará por ti? Faze já, irmão caríssimo, quanto puderes; pois não sabes quando morrerás nem o que te sucederá depois da morte. Enquanto tens tempo, ajunta riquezas imortais. Só cuida em tua salvação, ocupa-te só nas coisas de Deus. Granjeia agora amigos, venerando os santos de Deus e imitando suas obras, para que, ao saíres desta vida, *te recebam nas eternas moradas* (Lc 16,9).

9. Considera-te como hóspede e peregrino neste mundo, como se nada tivesses com os negócios da terra. Conserva livre teu coração, e erguido a Deus, porque não tens aqui morada permanente. Para lá dirige tuas preces e gemidos, cada dia, com lágrimas, a fim de que mereça tua alma, depois da morte, passar venturosamente ao Senhor. Amém.

CAPÍTULO 24

DO JUÍZO E DAS PENAS DOS PECADORES

1. Em todas as coisas olha o fim, e de que sorte estarás diante do severo Juiz a quem nada é oculto, que não se deixa aplacar com dádivas, nem aceita desculpas, mas que julgará segundo a justiça. Ó misérrimo e insensato pecador! Que responderás a Deus, que conhece todos os teus crimes, se, às vezes, te amedronta até o olhar dum homem irado? Por que não te acautelas para o dia do juízo, quando ninguém poderá ser desculpado ou defendido por outrem, mas cada um terá assaz que fazer por si? Agora o teu trabalho é frutuoso, o teu pranto aceito, o teu gemer ouvido, satisfatória a tua contrição.

2. Grande e salutar purgatório tem nesta vida o homem paciente: se, injuriado, mais se dói da maldade alheia, que da ofensa própria; se, de boa vontade, roga por seus adversários e de todo o coração perdoa os agravos; se não tarda em pedir perdão aos outros; se mais facilmente se compadece do que se irrita; se constantemente faz violência a si mesmo e se esforça por submeter de todo a carne ao espírito. Melhor é expiar já os pecados e extirpar os vícios, que adiar a expiação para mais tarde. Com efeito,

enganamos a nós mesmos pelo amor desordenado que temos à carne.

3. Que outra coisa há de devorar aquele fogo senão os teus pecados? Quanto mais te poupas agora e segues a carne, tanto mais cruel será depois o tormento e tanto mais lenha ajuntas para a fogueira. Naquilo em que o homem mais pecou, será mais gravemente castigado. Ali os preguiçosos serão incitados por aguilhões ardentes e os gulosos serão atormentados por violenta fome e sede. Os impudicos e voluptuosos serão banhados em pez ardente e fétido enxofre, e os invejosos uivarão de dor, à semelhança de cães furiosos.

4. Não há vício que não tenha o seu tormento especial. Ali, os soberbos serão acabrunhados de profunda confusão e os avarentos oprimidos com extrema penúria. Ali será mais cruel uma hora de suplício do que cem anos aqui da mais rigorosa penitência. Ali não há descanso nem consolação para os condenados, enquanto aqui, às vezes, cessa o trabalho e nos consolam os amigos. Relembra agora e chora teus pecados, para que no dia do juízo estejas seguro entre os escolhidos, pois *erguer-se-ão, naquele dia, os justos com grande força contra aqueles que os oprimiram e desprezaram* (Sb 5,1). Então se levantará, para julgar, aquele que agora se curvou humildemente ao juízo dos homens. Então terá muita confiança o pobre e o humilde, mas o soberbo estremecerá de pavor.

5. Então se verá que foi sábio, neste mundo, quem aprendeu a ser louco e desprezado, por amor de Cristo. Então dará prazer toda tribulação, sofrida com paciência, e a *iniquidade não abrirá a sua boca* (Sl 106,42). Então se alegrarão todos os piedosos e se entristecerão todos os ímpios. Então mais exultará a carne mortificada, que se

fora sempre nutrida em delícias. Então brilhará o hábito grosseiro e desbotarão as vestimentas preciosas. Então terá mais apreço o pobre tugúrio que o dourado palácio. Mais valerá a paciente constância que todo o poderio do mundo. Mais será engrandecida a singela obediência que toda a sagacidade do século.

6. Mais satisfação dará a pura e boa consciência que a douta filosofia. Mais valerá o desprezo das riquezas que todos os tesouros da terra. Mais te consolará a lembrança duma devota oração que a de inúmeros banquetes. Mais folgarás de ter guardado silêncio, do que de ter falado muito. Mais valor terão as boas obras que as lindas palavras. Mais agradará a vida austera e árdua penitência que todos os gozos terrenos. Aprende agora a padecer um pouco para poupar-te mais graves sofrimentos no futuro. Experimenta agora o que podes sofrer mais tarde. Se não podes agora sofrer tão pouca coisa, como suportarás os eternos suplícios? Se tanto te repugna o menor incômodo, que te fará então o inferno? Certo é que não podes fruir dois gozos: deleitar-te neste mundo, e depois reinar com Cristo.

7. Se até hoje tivesses vivido sempre em honras e delícias, que te aproveitaria isso se tivesses que morrer neste instante? Logo, tudo é vaidade, exceto amar a Deus e só a Ele servir, pois quem ama a Deus de todo o coração não teme nem a morte, nem o castigo, nem o juízo, nem o inferno, porque o perfeito amor dá seguro acesso a Deus. Mas quem ainda se delicia no pecado, não é de estranhar que tema a morte e o juízo. Todavia, é bom que, se do mal não te aparta o amor, te refreie ao menos o temor do inferno. Aquele, porém, que despreza o temor de Deus, não poderá por muito tempo perseverar no bem e depressa cairá nos laços do demônio.

CAPÍTULO 25

DA DILIGENTE EMENDA DE TODA A NOSSA VIDA

1. Sê vigilante e diligente no serviço de Deus e pergunta-te amiúde: a que vieste, para que deixaste o mundo? Não será para viver por Deus e tornar-te homem espiritual? Trilha, pois, com fervor o caminho da perfeição, porque em breve receberás o prêmio dos teus trabalhos; nem te afligirão, daí por diante, temores nem dores. Agora, terás algum trabalho; mas depois acharás grande repouso e perpétua alegria. Se tu permaneceres fiel e diligente no seu serviço, Deus, sem dúvida, será fiel e generoso no prêmio. Conserva a firme esperança de alcançar a palma; não cries, porém, segurança, para não caíres em tibieza ou presunção.

2. Certo homem que vacilava muitas vezes, ansioso, entre o temor e a esperança, estando um dia acabrunhado pela tristeza, entrou numa igreja, e diante dum altar, prostrado em oração, dizia consigo mesmo: Oh, se eu soubesse que havia de perseverar! E logo ouviu em si a divina resposta: Se tal soubesses, que farias? Faze já o que então fizeras e estarás bem seguro. Consolado imediatamente e confortado, abandonou-se à divina vontade e cessou a ansiosa perplexidade. Desistiu da curiosa indagação acerca do seu futuro, aplicando-se antes em conhecer qual fosse a vontade e o perfeito agrado de Deus para começar e acabar qualquer boa obra.

3. *Espera no Senhor e faz boas obras*, diz o profeta, *habita na terra e serás apascentado com suas riquezas* (Sl 36,3). Há uma coisa que esfria em muitos o fervor do progresso e zelo da emenda: o horror da dificuldade ou o trabalho da

peleja. Certo é que, mais que os outros, aproveitam nas virtudes aqueles que com maior empenho se esmeram em vencer a si mesmos naquilo que lhes é mais penoso e contrariam mais suas inclinações. Porque tanto mais aproveita o homem e mais copiosa graça merece, quanto mais se vence a si mesmo e se mortifica no espírito.

4. Não custa igualmente a todos vencer-se e mortificar-se. Todavia, o homem diligente e porfioso fará mais progressos, ainda que seja combatido por muitas paixões, que outro de melhor índole, porém menos fervoroso em adquirir as virtudes. Dois meios, principalmente, ajudam muito a nossa emenda, e vêm a ser: apartar-se valorosamente das coisas às quais viciosamente se inclina a natureza e porfiar em adquirir a virtude de que mais se há mister. Aplica-te também a evitar e vencer o que mais te desagrada nos outros.

5. Procura tirar proveito de tudo: se vês ou ouves relatar bons exemplos, anima-te logo a imitá-los; mas, se reparares em alguma coisa repreensível, guarda-te de fazê-la e, se em igual falta caíste, procura emendar-te logo dela. Assim como tu observas os outros, também eles te observam a ti. Que alegria e gosto ver irmãos cheios de fervor e piedade, bem acostumados e morigerados! Que tristeza, porém, e aflição, vê-los andar desnorteados e descuidados dos exercícios de sua vocação! Que prejuízo descurar os deveres do estado e aplicar-se ao que Deus não exige!

6. Lembra-te da resolução que tomaste e põe diante de ti a imagem de Jesus crucificado. Com razão te envergonharás, considerando a vida de Jesus Cristo, pois até agora tão pouco procuraste conformar-te com ela, estando há tanto tempo no caminho de Deus. O religioso que, com solicitude e fervor, se exercita na santíssima vida e paixão

do Senhor, achará nela com abundância tudo quanto lhe é útil e necessário e escusará buscar coisa melhor fora de Jesus. Oh, se entrasse em nosso coração Jesus crucificado, quão depressa e perfeitamente seríamos instruídos!

7. O religioso cheio de fervor tudo suporta de boa vontade e executa o que lhe mandam. O relaxado e tíbio, porém, encontra tribulação sobre tribulação, sofrendo de toda parte angústias: é que ele carece da consolação interior e lhe é vedado buscar a exterior. O religioso que transgride a regra anda exposto à grande ruína. Quem busca a vida cômoda e menos austera, sempre estará em angústias, porque uma ou outra coisa sempre lhe desagrada.

8. Que fazem tantos outros religiosos que guardam a austera disciplina do claustro? Raro saem, vivem retirados, sua comida é parca, seu hábito grosseiro, trabalham muito, falam pouco, vigiam até tarde, levantam-se cedo, rezam muito, leem com frequência e conservam-se em toda a observância. Olha como os cartuxos, os cistercienses e os monges e monjas das diversas ordens se levantam todas as noites para louvar o Senhor. Vergonha, pois, seria, se tu fosses preguiçoso em obra tão santa, quando tamanha multidão de religiosos entoam a divina salmodia.

9. Oh, se nada mais tivesses que fazer senão louvar a Deus Nosso Senhor de coração e boca! Oh, se nunca precisares comer, nem beber, nem dormir, mas sempre pudesses atender aos louvores de Deus e aos exercícios espirituais! Então serias muito mais ditoso do que agora, sujeito a tantas exigências do corpo! Oxalá não existissem tais necessidades, mas houvesse só aquelas refeições que – ai! – tão raro gozamos!

10. Quando o homem chega ao ponto de não buscar sua consolação em nenhuma criatura, só então começa a

gostar perfeitamente de Deus e anda contente, aconteça o que acontecer. Então não se alegra pela abundância, nem se entristece pela penúria, mas confia inteira e fielmente em Deus, que lhe é tudo em todas as coisas, para quem nada perece nem morre, mas por quem vivem todas as coisas e a cujo aceno, com prontidão, obedecem.

11. Lembra-te sempre do fim e que o tempo perdido não volta. Sem empenho e diligência, jamais alcançarás as virtudes. Se começares a ser tíbio, logo te inquietarás. Se, porém, procurares afervorar-te, acharás grande paz e sentirás mais leve o trabalho com a graça de Deus e o amor da virtude. O homem fervoroso e diligente está preparado para tudo. Mais penoso é resistir aos vícios e às paixões que afadigar-se em trabalhos corporais. Quem não evita os pequenos defeitos pouco a pouco cai nos grandes. Alegrar-te-ás sempre à noite se tiveres empregado bem o dia. Vigia sobre ti, anima-te e admoesta-te e, vivam os outros como vivem, não te descuides de ti mesmo. Tanto mais aproveitarás, quanto maior for a violência que te fizeres. Amém.

LIVRO II

Exortações à vida interior

CAPÍTULO 1

DA VIDA INTERIOR

1. *O Reino de Deus está dentro de vós*, diz o Senhor (Lc 17,21). Converte-te a Deus de todo o coração, deixa este mundo miserável e tua alma achará descanso. Aprende a desprezar as coisas exteriores e entrega-te às interiores, e verás chegar a ti o Reino de Deus. Pois *o Reino de Deus é a paz e o gozo no Espírito Santo* (Rm 14,17), que não se dá aos ímpios. Virá a ti Cristo para consolar-te, se lhe preparares no teu interior digna moradia. *Toda a sua glória e formosura está no interior* (Sl 44,14), e só aí o Senhor se compraz. Amiúde visita ele o homem interior em doce entretenimento, suave consolação, grande paz e familiaridade, sobremaneira admirável.

2. Eia, alma fiel, para este Esposo prepara teu coração, a fim de que se digne vir e morar em ti. Pois assim ele diz: *Se alguém me ama, guardará a minha palavra, e viremos a ele e faremos nele a nossa morada* (Jo 14,23). Dá, pois, lugar a Jesus e a tudo mais fecha a porta. Se possuíres a Cristo, estarás rico e satisfeito. Ele mesmo será teu provedor e fiel procurador em tudo, de modo que não hajas mister de esperar nos homens. Porque os homens são volúveis

e faltam com facilidade à confiança, mas *Cristo permanece eternamente* (Jo 12,34) e firme nos acompanha até o fim.

3. Não se há de ter grande confiança no homem frágil e mortal, por mais que nos seja caro e útil; nem nos devemos afligir com excessos, porque, de vez em quando, nos contraria com palavras ou obras. Os que hoje estão contigo amanhã talvez sejam contra ti, e reciprocamente, pois os homens mudam como o vento. Põe toda a tua confiança em Deus, e seja Ele o teu temor e amor; Ele responderá por ti, e fará do melhor modo o que convier. *Não tens aqui morada permanente* (Hb 13,14) e, onde quer que estejas, és estranho e peregrino; nem terás nunca descanso, se não estiveres intimamente unido a Jesus.

4. Para que olhas em redor de ti se não é este o lugar de teu repouso? No céu deve ser a tua habitação, e como de passagem hás de olhar todas as coisas da terra. Todas passam, e tu igualmente passas com elas; toma cuidado para não te apegares a elas, a fim de que não te escravizem e percam. Ao Altíssimo eleva sempre teus pensamentos e a Cristo dirige súplica incessante. Se não sabes contemplar coisas altas e celestiais, descansa na paixão de Cristo e gosta de habitar em suas sacratíssimas chagas, pois, se te acolheres devotamente às chagas e preciosos estigmas de Jesus, sentirás grande conforto em tuas mágoas, não farás mais caso do desprezo dos homens e facilmente sofrerás as suas detrações.

5. Cristo também foi, neste mundo, desprezado dos homens, e em suma necessidade, entre os opróbrios, o desampararam seus conhecidos e amigos. Cristo quis padecer e ser desprezado; e tu ousas queixar-te de alguém? Cristo teve adversidade e detratores; e tu queres ter a todos por amigos e benfeitores? Como poderá ser coroada tua paciência, se não encontrares alguma adversidade? Se não queres sofrer

alguma contrariedade, como serás amigo de Cristo? Sofre com Cristo e por Cristo, se com Cristo queres reinar.

6. Se uma só vez entraras perfeitamente no Coração de Jesus e gozaras um pouco de seu ardente amor, não farias caso do teu proveito ou dano, ao contrário, te alegrarias com os mesmos opróbrios; porque o amor de Jesus faz com que o homem se despreze a si mesmo. O amante de Jesus e da verdade, e o homem deveras espiritual e livre de afeições desordenadas, pode facilmente recolher-se em Deus e, elevando-se em espírito, acima de si mesmo, fruir delicioso descanso.

7. Aquele que avalia as coisas pelo que são, e não pelo juízo e estimação dos outros, é o verdadeiro sábio, ensinado mais por Deus que pelos homens. Quem sabe andar recolhido dentro de si e ter em pequena conta as coisas exteriores não precisa escolher lugar nem aguardar horas para se dar a exercícios de piedade. O homem interior facilmente se recolhe, pois nunca se entrega de todo às coisas exteriores. Não o estorvam trabalhos externos nem ocupações, às vezes necessárias, mas ele se acomoda às circunstâncias, conforme sucedem. Quem tem o interior bem-disposto e ordenado não se importa com as façanhas e crimes dos homens. Tanto o homem se embaraça e distrai, quanto se mete nas coisas exteriores.

8. Se foras reto e puro, tudo te correria bem e se voltaria em teu proveito. Mas, porque ainda não estás de todo morto a ti mesmo, nem apartado das coisas terrenas, por isso muitas coisas te causam desgostos e perturbações. Nada mancha tanto e embaraça o coração do homem como o amor desordenado às criaturas. Se renunciares às consolações exteriores, poderás contemplar as coisas do céu e gozar a miúdo da alegria interior.

CAPÍTULO 2

DA HUMILDE SUBMISSÃO

1. Não te importes muito de saber quem seja por ti ou contra ti; mas trata e procura que Deus seja contigo em tudo que fizeres. Tem boa consciência e Deus te defenderá, pois a quem Deus ajuda não há maldade que o possa prejudicar. Se souberes calar e sofrer, verás, sem dúvida, o socorro do Senhor. Ele sabe o tempo e o modo de te livrar; portanto, entrega-te todo a Ele. A Deus pertence aliviar-nos e tirar-nos de toda a confusão. Às vezes é muito útil, para melhor conservarmos a humildade, que os outros saibam os nossos defeitos e no-los repreendam.

2. Quando o homem se humilha por seus defeitos, aplaca facilmente os outros e satisfaz os que estão irados contra ele. Ao humilde Deus protege e salva, ao humilde ama e consola, ao humilde ele se inclina, dá-lhe abundantes graças e depois do abatimento o levanta a grande honra. Ao humilde revela seus segredos e com doçura a si o atrai e convida. O humilde, ao sofrer afrontas, conserva sua paz, porque confia em Deus, e não no mundo. Não julgues ter feito progresso algum, enquanto não te reconheças inferior a todos.

CAPÍTULO 3

DO HOMEM BOM E PACÍFICO

1. Primeiro conserva-te em paz e depois poderás pacificar os outros. O homem apaixonado, até o bem converte

em mal e facilmente acredita no mal; o homem bom e pacífico, pelo contrário, faz com que tudo se converta em bem. Quem está em boa paz de ninguém desconfia; o descontente e perturbado, porém, é combatido de várias suspeitas e não sossega, nem deixa os outros sossegarem. Diz muitas vezes o que não devia dizer e deixa de fazer o que mais lhe conviria. Atende às obrigações alheias e descuida-se das próprias. Tem, pois, principalmente zelo de ti e depois o terás, com direito, do teu próximo.

2. Bem sabes desculpar e cobrir tuas faltas e não queres aceitar as desculpas dos outros! Mais justo fora que te acusasses a ti e escusasses o teu irmão. Suporta os outros, se queres que te suportem a ti. Nota quão longe estás ainda da verdadeira caridade e humildade, que não sabe irar-se ou indignar-se senão contra si própria. Não é grande coisa conviver com homens bons e mansos, porque isso, naturalmente, agrada a todos; e cada um gosta de viver em paz e ama os que são de seu parecer. Viver, porém, em paz com pessoas ásperas, perversas e mal-educadas que nos contrariam é grande graça e ação louvável e varonil.

3. Uns há que têm paz consigo e com os mais; outros que não têm paz nem a deixam aos demais; são insuportáveis aos outros, e ainda mais o são a si mesmos. E há outros que têm paz consigo e procuram-na para os demais. Toda a nossa paz, porém, nesta vida miserável, consiste mais na humilde resignação, que em não sentir as contrariedades. Quem melhor sabe sofrer maior paz terá. Esse é vencedor de si mesmo e senhor do mundo, amigo de Cristo e herdeiro do céu.

CAPÍTULO 4

DA MENTE PURA E DA INTENÇÃO SIMPLES

1. Com duas asas se levanta o homem acima das coisas terrenas: simplicidade e pureza. A simplicidade há de estar na intenção e a pureza no afeto. A simplicidade procura a Deus, a pureza o abraça e frui. Em nenhuma boa obra acharás estorvo, se estiveres interiormente livre de todo afeto desordenado. Se só queres e buscas o agrado de Deus e o proveito do próximo, gozarás de liberdade interior. Se teu coração for reto, toda criatura te será um espelho de vida e um livro de santas doutrinas. Não há criatura tão pequena e vil, que não represente a bondade de Deus.

2. Se fosses interiormente bom e puro, logo verias tudo sem dificuldade e compreenderias bem. O coração puro penetra o céu e o inferno. Cada um julga segundo seu interior. Se há alegria neste mundo, é o coração puro que a goza; se há, em alguma parte, tribulação e angústia, é a má consciência que as experimenta. Como o ferro metido no fogo perde a ferrugem e se faz todo incandescente, assim o homem que se entrega inteiramente a Deus fica livre da tibieza e transforma-se em novo homem.

3. Quando o homem começa a entibiar, logo teme o menor trabalho e anseia as consolações exteriores. Quando, porém, começa deveras a vencer-se e a andar com ânimo no caminho de Deus, leves lhe parecem as coisas que antes achava onerosas.

CAPÍTULO 5

DA CONSIDERAÇÃO DE SI MESMO

1. Não podemos confiar muito em nós, porque frequentemente nos faltam a graça e o critério. Pouca luz temos em nós e a esta facilmente perdemos por negligência. De ordinário também não avaliamos quanta é nossa cegueira interior. Amiúde procedemos mal e nos desculpamos, o que é pior. Às vezes nos move a paixão, e pensamos que é zelo. Repreendemos nos outros as faltas leves e nos descuidamos das nossas maiores. Bem depressa sentimos e ponderamos o que dos outros sofremos, mas não se nos dá do que os outros sofrem de nós. Quem bem e retamente avaliasse suas obras não seria capaz de julgar os outros com rigor.

2. O homem interior antepõe o cuidado de si a todos os outros cuidados, e quem se ocupa de si com diligência facilmente deixa de falar dos outros. Nunca serás homem espiritual e devoto se não calares dos outros, atendendo a ti próprio com especial cuidado. Se de ti só e de Deus cuidares, pouco te moverá o que se passa por fora. Onde estás, quando não estás contigo? E, depois de tudo percorrido, que ganhaste se esqueceste a ti mesmo? Se queres ter paz e verdadeiro sossego, é preciso que tudo mais dispenses e a ti só tenhas diante dos olhos.

3. Portanto, grandes progressos farás se te conservares livre de todo cuidado temporal; muito te atrasará o apego a alguma coisa temporal. Nada te seja grande, nobre, aceito ou agradável, a não ser Deus mesmo ou o que for de Deus. Considera vã toda consolação que te vier das criaturas. A alma que ama a Deus despreza tudo que é abaixo de Deus. Só Deus eterno e imenso, que tudo enche, é o consolo da alma e a verdadeira alegria do coração.

CAPÍTULO 6

DA ALEGRIA DA BOA CONSCIÊNCIA

1. A glória do homem virtuoso é o testemunho da boa consciência. Conserva pura a consciência e sempre terás alegria. A boa consciência pode suportar muita coisa e permanece alegre, até nas adversidades. A má consciência anda sempre medrosa e inquieta. Suave sossego gozarás, se de nada te acusar o coração. Não te dês por satisfeito, senão quando tiveres feito algum bem. Os maus nunca têm verdadeira alegria nem sentem a paz interior; pois *não há paz para os ímpios, diz o Senhor* (Is 57,21). E se disserem: Vivemos em paz, não há mal que nos possa acontecer, e quem ousará ofender-nos? – não lhes dês crédito, porque de repente levantar-se-á a ira de Deus, e então as suas obras serão aniquiladas e frustrados seus intuitos.

2. A quem ama não é dificultoso gloriar-se na tribulação; pois gloriar-se assim é *gloriar-se na cruz do Senhor* (Gl 6,14). Pouco dura a glória que os homens dão e recebem. A glória do mundo anda sempre acompanhada de tristeza. A glória dos bons está na própria consciência, e não na boca dos homens. A alegria dos justos é de Deus e em Deus, a sua alegria procede na verdade. Quem deseja a glória verdadeira e eterna não faz caso da temporal. E quem procura a glória temporal ou não a despreza de todo mostra que pouco ama a celestial. Grande tranquilidade do coração goza aquele que não faz caso de elogios nem de censuras.

3. É fácil estar contente e sossegado tendo a consciência pura. Não é mais santo porque te louvam, nem mais ruim porque te censuram. És o que és, nem te podem os

louvores fazer maior do que és aos olhos de Deus. Se considerares o que és no teu interior, não farás caso do que te dizem os homens. *O homem vê o rosto, Deus, o coração* (1Rs 16,7). O homem nota os atos, mas Deus pesa as intenções. Proceder sempre bem e ter-se em pequena conta é indício de uma alma humilde. Rejeitar toda consolação das criaturas é sinal de grande pureza e confiança interior.

4. Aquele que não procura o testemunho favorável dos homens mostra que está todo entregue a Deus. *Porque, como diz S. Paulo, não é aprovado aquele que a si próprio recomenda, mas aquele que é recomendado por Deus* (2Cor 10,18). Andar recolhido no interior com Deus, sem estar preso a alguma afeição humana, é próprio do homem espiritual.

CAPÍTULO 7

DO AMOR DE JESUS SOBRE TODAS AS COISAS

1. Bem-aventurado aquele que compreende o que seja amar a Jesus e desprezar-se a si por amor de Jesus. Por esse amor deves deixar qualquer outro, pois Jesus quer ser amado acima de tudo. O amor da criatura é enganoso e inconstante; o amor de Jesus é fiel e inabalável. Apegado à criatura, cairás com ela, que é instável; abraçado com Jesus, estarás firme para sempre. A Ele ama e guarda como amigo que não te desamparará, quando todos te abandonarem, nem consentirá que pereças na hora suprema. De todos te hás de separar um dia, quer queiras, quer não.

2. Conchega-te a Jesus na vida e na morte; entrega-te à sua fidelidade, que só Ele te pode socorrer quando todos te faltarem. Teu Amado é de tal natureza, que não admite rival: Ele só quer possuir teu coração e nele reinar

como rei em seu trono. Se souberes desprender-te de toda criatura, Jesus acharia prazer em morar contigo. Quando confiares nos homens, fora de Jesus, verás que estás perdido. Não te fies nem te firmes na cana movediça: *porque toda a carne é feno, e toda a sua glória fenece como a flor do campo* (Is 40,6).

3. Facilmente serás enganado, se só olhares para as aparências dos homens. Se procuras alívio e proveito nos outros, quase sempre terás prejuízo. Procura a Jesus em todas as coisas, e Jesus acharás. Se te buscas a ti mesmo, também te acharás, mas para a tua ruína, pois o homem que não busca a Jesus é mais nocivo a si mesmo que todo o mundo e seus inimigos todos.

CAPÍTULO 8

DA FAMILIAR AMIZADE COM JESUS

1. Quando Jesus está presente, tudo é suave e nada parece dificultoso; mas, quando Jesus está ausente, tudo se torna penoso. Quando Jesus não fala ao coração, nenhuma consolação tem valor; mas se Jesus fala uma só palavra, sentimos grande alívio. Porventura não se levantou logo Maria Madalena do lugar onde chorava, quando Marta lhe disse: *O Mestre está aí e te chama*? (Jo 11,28). Hora bendita, quando Jesus te chama das lágrimas para o gozo do espírito! Que seco e árido és sem Jesus! Que néscio e vão, se desejas outra coisa, fora de Jesus! Não será isto maior dano do que se perdesse o mundo inteiro?

2. Que te pode dar o mundo sem Jesus? Estar sem Jesus é terrível inferno, estar com Jesus é doce paraíso. Se Jesus estiver contigo, nenhum inimigo te pode ofender.

Quem acha a Jesus acha precioso tesouro, ou, antes, o bem superior a todo bem; quem perde a Jesus perde muito mais do que se perdesse a todo o mundo. Paupérrimo é quem vive sem Jesus, e riquíssimo quem está bem com Jesus.

3. Grande arte é saber conversar com Jesus, e grande prudência conservá-lo consigo. Sê humilde e pacífico, e contigo estará Jesus; sê devoto e sossegado, e Jesus permanecerá contigo. Depressa podes afugentar a Jesus e perder a sua graça, se te inclinares às coisas exteriores; e se o afastas e o perdes, aonde irás e a quem buscarás por amigo? Sem amigo não podes viver, e se não for Jesus teu amigo acima de todos, estarás mui triste e desconsolado. Logo, loucamente procedes, se em qualquer outro confias e te alegras. Antes ter o mundo todo por adversário, que ofender a Jesus. Acima de todos os teus amigos seja, pois, Jesus amado dum modo especial.

4. Sê livre e puro no teu interior, sem apego a criatura alguma. É mister desprenderes-te de tudo e ofereceres a Deus um coração puro, se queres sossegar e ver como é suave o Senhor. E, com efeito, tal não conseguirás, se não fores prevenido e atraído por sua graça, de modo que, deixando e despedindo tudo mais, com ele só estejas unido. Pois, quando lhe assiste a graça de Deus, de tudo é capaz o homem; e quando ela se retira, logo fica pobre e fraco, como que abandonado aos castigos. Ainda assim, não deves desanimar nem desesperar, antes resignar-te na vontade de Deus, e sofrer tudo que te acontecer, por honra de Jesus; pois ao inverno sucede o verão, depois da noite volta o dia, e após a tempestade reina a bonança.

CAPÍTULO 9

DA PRIVAÇÃO DE TODA CONSOLAÇÃO

1. Não é dificultoso desprezar as consolações humanas quando gozamos das divinas. Grande coisa, porém, e mui meritória, é poder estar sem consolação, tanto divina como humana, sofrendo de boa mente o desamparo do coração, sem em nada buscar-se a si mesmo, nem atender ao seu próprio merecimento. Que maravilha será estares alegre e devoto, quando te assiste a graça! De todos é almejada esta hora. E mui suave andar, levado pela graça de Deus. E que maravilha não sentir a carga aquele que é sustentado pelo Onipotente e acompanhado do guia supremo!

2. Gostamos de ter qualquer consolação e é penoso ao homem despojar-se de si mesmo. O glorioso mártir São Lourenço venceu o mundo em união com seu pai espiritual, porque desprezou todos os atrativos do século e sofreu com paciência, por amor de Cristo, que o separassem do Sumo Pontífice São Xisto a quem ele muito amava! Assim, com o amor de Deus, ele subjugou o amor da criatura, e ao alívio humano preferiu o beneplácito divino. Daí aprende tu a deixar, às vezes, por amor de Deus, um parente ou amigo querido. Nem tanto te aflijas se te abandonar algum amigo, sabendo que todos, finalmente, nos havemos de separar uns dos outros.

3. Só com renhido e longo combate interior aprende o homem a dominar-se plenamente e a pôr em Deus todo o seu afeto. Quando o homem confia em si, facilmente desliza nas consolações humanas. Mas o verdadeiro amigo de Cristo e fervoroso imitador de suas virtudes não se inclina às consolações nem busca tais doçuras

sensíveis; antes, procura exercícios austeros e sofre por Cristo trabalhos penosos.

4. Quando, pois, Deus te mandar consolação espiritual, recebe-a com ações de graças, mas lembra-te sempre que é mercê de Deus, e não merecimento teu. Com isto, porém, não te desvaneças, nem te entregues à excessiva alegria ou à vã presunção; sê antes mais humilde pelo dom recebido, mais prudente e timorato em tuas ações, pois passará aquela hora e voltará a tentação. Quando te for tirada a consolação, não desesperes logo; aguarda, pelo contrário, com humildade e paciência, a visita celestial; pois Deus é bastante poderoso para restituir-te maior graça e consolação. Isto não é novo nem estranho aos que são experientes nos caminhos de Deus; porque nos grandes santos e antigos profetas houve muitas vezes esta mudança.

5. Por isso, um deles, sentindo a presença da graça, exclamava: *Eu disse em minha abundância: não serei abalado jamais* (Sl 29,7). Sentindo, porém, retirar-se a graça, acrescenta: *Desviastes de mim, Senhor, o vosso rosto, e fiquei perturbado* (v. 8). Entretanto, não desespera, mas com mais instância roga ao Senhor e diz: *A vós, Senhor, clamarei, e ao meu Deus rogarei* (v. 9). Alcança, afinal, o fruto de sua oração e atesta ter sido atendido, dizendo: *Ouviu-me o Senhor, e compadeceu-se de mim, o Senhor se fez meu protetor* (v. 11). Mas em quê? *Convertestes*, diz ele, *meu pranto em gozo, e me cercastes de alegria* (v. 12). Se isto sucedeu aos grandes santos, não devemos desesperar nós outros, fracos e pobres, por nos sentirmos umas vezes com fervor, outras vezes com frieza, porque vai e vem o espírito de Deus, segundo lhe apraz. Por isso, diz o santo Jó: *Senhor, visitais o homem na madrugada, e logo o provais* (7,18).

6. Em que posso, pois, esperar ou em que devo confiar, senão na grande misericórdia de Deus e na esperança da graça celestial? Porque, ou me assistem homens justos, irmãos devotos e amigos fiéis, ou livros santos e formosos tratados, ou cânticos e hinos suaves, tudo isso de pouco me serve e pouco me agrada quando estou desamparado da graça e entregue à minha própria pobreza. Não há, então, melhor remédio que Deus.

7. Nunca encontrei homem tão religioso e devoto que não sofresse, às vezes, a subtração da graça e sentisse o arrefecimento do fervor. Nenhum santo foi tão altamente arrebatado e esclarecido que, antes ou depois, não fosse tentado. Porque não é digno da alta contemplação de Deus quem por Deus não sofreu alguma tribulação. Costuma vir primeiro a tentação, como sinal precursor da próxima consolação; porque aos provados pela tentação é prometido o celeste consolo. *A quem tiver vencido, diz o Senhor, darei a comer o fruto da árvore da vida* (Ap 2,7).

8. Dá Deus a consolação para fortalecer o homem contra as adversidades. Segue-se então a tentação para que não se desvaneça a felicidade. O demônio não dorme, nem a carne já está morta; por isso, não cesses nunca de aparelhar-te para a peleja, porque à direita e à esquerda estão teus inimigos que nunca descansam.

CAPÍTULO 10

DO AGRADECIMENTO PELA GRAÇA DE DEUS

1. Para que buscas repouso, se nasceste para o trabalho? Dispõe-te mais à paciência que à consolação, mais para levar a cruz que para ter alegria. Quem dentre os

mundanos não aceitaria de bom gosto a consolação e a alegria espiritual, se a pudesse ter sempre ao seu dispor? As consolações espirituais excedem todas as delícias do mundo e todos os deleites da carne, pois todas as delícias do mundo ou são vãs ou torpes, e só as do espírito são suaves e honestas, nascidas que são das virtudes e infundidas por Deus nas almas puras. Mas ninguém pode lograr estas divinas consolações à medida de seu desejo, porque não cessa por muito tempo a guerra da tentação.

2. Grande obstáculo às visitas celestiais é a falsa liberdade do espírito e a demasiada confiança em si mesmo. Deus faz bem dando-nos a graça da consolação; mas o homem faz mal não retribuindo tudo a Deus com ação de graças. E se não se nos infundem os dons da graça é porque somos ingratos ao Autor, não atribuindo tudo à fonte original, pois sempre Deus concede a graça a quem dignamente se mostra agradecido e tira ao soberbo o que costuma dar ao humilde.

3. Não quero consolação que me tire a compunção, nem desejo contemplação que me seduz ao desvanecimento; porque nem tudo que é sublime é santo, nem tudo que é agradável é bom, nem todo desejo é puro, nem tudo que nos deleita agrada a Deus. De boa mente aceito a graça, que me faz humilde e timorato e me dispõe melhor para renunciar a mim mesmo. O homem instruído pela graça e experimentado com sua subtração não ousará atribuir-se bem algum, antes reconhecerá sua pobreza e nudez. Dá a Deus o que é de Deus e atribui a ti o que é teu; isto é, dá graças a Deus pela graça, e só a ti atribui a culpa e a pena que a culpa merece.

4. Põe-te sempre no ínfimo lugar e dar-te-ão o supremo, porque o mais alto não existe sem o apoio do inferior.

Os maiores santos diante de Deus são os que se julgam menores, e quanto mais gloriosos, tanto mais humildes são no seu conceito. Como estão cheios de verdade e glória celestial, não cobiçam a glória vã. Em Deus fundados e firmados, nada os pode ensoberbecer. Atribuindo a Deus todo o bem que receberam, não pretendem a glória uns dos outros; só querem a glória que procede de Deus; seu único fim, seu desejo constante é que ele seja louvado neles e em todos os santos, acima de todas as coisas.

5. Agradece, pois, os menores benefícios e maiores merecerás. Considera como muito o pouco, e o menor dom por dádiva singular. Se considerarmos a grandeza do benfeitor, não há dom pequeno ou de pouco valor; porque não pode ser pequena a dádiva que nos vem do soberano Senhor. Ainda quando nos der penas e castigos, lho devemos agradecer, porque sempre é para nossa salvação quanto permite que nos suceda. Se desejas a graça de Deus, sê agradecido quando a recebes e paciente quando a perdes. Roga que ela volte, anda cauteloso e humilde, para não vires a perdê-la.

CAPÍTULO 11

QUÃO POUCOS SÃO OS QUE AMAM A CRUZ DE JESUS

1. Muitos encontra Jesus agora apreciadores de seu reino celestial; mas poucos que queiram levar a sua cruz. Têm muitos sequiosos de consolação, mas poucos da tribulação; muitos companheiros à sua mesa, mas poucos de sua abstinência. Todos querem gozar com ele, poucos sofrer por ele alguma coisa. Muitos seguem a Jesus até ao

partir do pão, poucos até beber o cálice da paixão. Muitos veneram seus milagres, mas poucos abraçam a ignomínia da cruz. Muitos amam a Jesus, enquanto não encontram adversidades. Muitos o louvam e bendizem, enquanto recebem dele algumas consolações; se, porém, Jesus se oculta e por um pouco os deixa, caem logo em queixumes e desânimo excessivo.

2. Aqueles, porém, que amam a Jesus por Jesus mesmo, e não por própria satisfação, tanto o louvam nas tribulações e angústias como na maior consolação. E posto que nunca lhes fosse dada a consolação, sempre o louvariam e lhe dariam graças.

3. Oh, Quanto pode o amor puro de Jesus, sem mistura de interesse ou amor-próprio! Não são porventura mercenários os que andam sempre em busca de consolações? Não se amam mais a si do que a Cristo os que estão sempre cuidando de seus cômodos e interesses? Onde se achará quem queira servir desinteressadamente a Deus?

4. É raro achar um homem tão espiritual que esteja desapegado de tudo, pois o verdadeiro pobre de espírito e desprendido de toda criatura – quem o descobrirá? *Tesouro precioso que é necessário buscar nos confins do mundo* (Pr 31,10). Se o homem der toda a fortuna, não é nada. E se fizer grande penitência, ainda é pouco. Compreenda embora todas as ciências, ainda está muito longe. E se tiver grande virtude de devoção ardente, muito ainda lhe falta, a saber: uma coisa que lhe é sumamente necessária. Que coisa será essa? Que, deixado tudo, se deixa a si mesmo e saia totalmente de si, sem reservar amor-próprio algum, e, depois de feito tudo que soube fazer, reconheça que nada fez.

5. Não tenha em grande conta o pouco que nele possa ser avaliado por grande: antes, confesse sinceramente que é um servo inútil, como nos ensina a Verdade. *Quando tiverdes cumprido tudo que vos for mandado, dizei: Somos servos inúteis* (Lc 17,10). Então, sim, o homem poderá chamar-se verdadeiramente pobre de espírito e dizer com o profeta: *Sou pobre e só neste mundo* (Sl 24,16). Entretanto, ninguém é mais poderoso, ninguém mais livre que aquele que sabe deixar-se a si e a todas as coisas e colocar-se no último lugar.

CAPÍTULO 12

DA ESTRADA REAL DA SANTA CRUZ

1. A muitos parece dura esta palavra: *Renuncia a ti mesmo, toma a tua cruz e segue a Jesus Cristo* (Mt 16,24). Muito mais duro, porém, será de ouvir aquela sentença final: *Apartai-vos de mim, malditos, para o fogo eterno* (Mt 25,41), pois os que agora ouvem e seguem, docilmente, a palavra da cruz não recearão então a sentença da eterna condenação. Este sinal da cruz estará no céu quando o Senhor vier para julgar. Então, todos os servos da cruz, que em vida se conformam com Cristo crucificado, com grande confiança chegar-se-ão a Cristo juiz.

2. Por que temes, pois, tomar a cruz, pela qual se caminha ao reino do céu? Na cruz está a salvação, na cruz a vida, na cruz o amparo contra os inimigos, na cruz a abundância da suavidade divina, na cruz a fortaleza do coração, na cruz o compêndio das virtudes, na cruz a perfeição da santidade. Não há salvação da alma nem esperança da vida, senão na cruz. Toma, pois, a tua cruz, segue

a Jesus e entrarás na vida eterna. O Senhor foi adiante, com a cruz às costas, e nela morreu por teu amor, para que tu também leves a tua cruz e nela desejes morrer. Porquanto, se com ele morreres, também com ele viverás. E, se fores seu companheiro na pena, também o serás na glória.

3. Verdadeiramente, da cruz tudo depende, e em morrer para si mesmo está tudo; não há outro caminho para a vida e para a verdadeira paz interior, senão o caminho da santa cruz e da contínua mortificação. Vai para onde quiseres, procura quanto quiseres, e não acharás caminho mais sublime em cima nem mais seguro embaixo que o caminho da santa cruz. Dispõe e ordena tudo conforme teu desejo e parecer, e verás que sempre hás de sofrer alguma coisa, bom ou mau grado teu; o que quer dizer que sempre haverás de encontrar a cruz. Ou sentirás dores no corpo, ou tribulações no espírito.

4. Ora serás desamparado de Deus, ora perseguido do próximo, e o que é pior não raro serás molesto a ti mesmo. E não haverá remédio e nem conforto que te possa livrar ou aliviar; cumpre que sofras quanto tempo Deus quiser, pois Deus quer ensinar-te a sofrer a tribulação sem alívio, para que de todo te submetas a ele e mais humilde te faças pela tribulação. Ninguém sente tão vivamente a paixão de Cristo como quem passou por semelhantes sofrimentos. A cruz, pois, está sempre preparada e em qualquer lugar te espera. Não lhe podes fugir, para onde quer que te voltes, pois em qualquer lugar a que fores, te levarás contigo e sempre encontrarás a ti mesmo. Volta-te para cima ou para baixo, volta-te para fora ou para dentro, em toda parte acharás a cruz; e é necessário que sempre tenhas paciência, se queres alcançar a paz da alma e merecer a coroa eterna.

5. Se levares a cruz de boa vontade, ela te há de levar e conduzir ao termo desejado, onde acaba o sofrimento, posto que não seja neste mundo. Se a levares de má vontade, aumentas-lhe o peso e fardo maior te impões; contudo é forçoso que a leves. Se rejeitares uma cruz, sem dúvida acharás outra, talvez mais pesada.

6. Pensas tu escapar àquilo de que nenhum mortal pôde eximir-se? Que santo houve no mundo sem tribulação? Nem Jesus Cristo, Senhor Nosso, esteve uma hora, em toda a sua vida, sem dor e sofrimento. *Convinha*, disse ele, *que Cristo sofresse e ressurgisse dos mortos, e assim entrasse na sua glória* (Lc 24,26). Como, pois, buscas tu outro caminho que não seja o caminho real da santa cruz?

7. Toda a vida de Cristo foi cruz e martírio; e tu procuras só descanso e gozo? Andas errado, e muito errado, se outra coisa procuras, e não sofrimentos e tribulações; pois toda esta vida mortal está cheia de misérias e assinalada de cruzes. E quanto mais uma pessoa faz progressos na vida espiritual, tanto maiores cruzes encontra, muitas vezes, porque o amor lhe torna o exílio mais doloroso.

8. Mas, apesar de tantas aflições, o homem não está sem o alívio da consolação, porque sente o grande fruto que lhe advém à alma pelo sofrimento da cruz. Pois, quando de bom grado a toma às costas, todo o peso da tribulação se lhe converte em confiança na divina consolação. E quanto mais a carne é cruciada pela aflição, tanto mais se fortalece o espírito pela graça interior. E, às vezes, tanto se fortalece, pelo amor das penas e tribulações que, para conformar-se com a cruz de Cristo, não quisera estar sem dores e sofrimentos, pois julga ser tanto mais aceito a Deus, quanto mais e maiores males sofre por seu amor.

Não é isso virtude humana, mas graça de Cristo, que tanto pode e realiza na carne frágil, que o espírito com ardor abraça e ama o que a natureza aborrece e foge.

9. Não é conforme à inclinação humana levar a cruz, amar a cruz, castigar o corpo e impor-lhe sujeição, fugir às honras, aceitar as injúrias, desprezar-se a si mesmo e desejar ser desprezado, suportar as aflições e desgraças e não almejar prosperidade alguma neste mundo. Se olhares somente a ti, reconheces que de nada disso és capaz. Mas, se confiares em Deus, do céu te será concedida a fortaleza e sujeitar-se-ão ao teu mando o mundo e a carne. Nem o infernal inimigo temerás se andares escudado na fé e armado com a cruz de Cristo.

10. Portanto, como bom e fiel servo de Cristo, dispõe-te a levar a cruz do teu Senhor, por teu amor crucificado. Prepara-te a sòfrer muitos contratempos e incômodos nesta vida miserável, pois em toda parte, onde quer que estiveres ou te esconderes, os encontrarás. Convém que assim seja e não há outro remédio contra a tribulação da dor e dos males senão sofrê-los com paciência. Bebe, generoso, o cálice do Senhor, se queres ser seu amigo e ter parte com ele. Entrega a Deus as consolações para ele dispor delas como lhe aprouver. Tu, porém, dispõe-te a suportar as tribulações e considera-as como as consolações mais preciosas, porquanto *não têm proporção as penas do tempo com a glória futura* (Rm 8,18) que havemos de merecer, ainda que tu só as devesses sofrer todas.

11. Quando chegares a tal ponto que a tribulação te seja doce e amável por amor de Cristo, dá-te por feliz, pois achaste o paraíso na terra. Enquanto o padecer te é molesto e procuras fugir-lhe, andas mal, e em toda parte te persegue o medo da tribulação.

12. Se te resolveres ao que deves, isto é, a padecer e morrer, logo te sentirás melhor e acharás paz. Ainda que fosses arrebatado, com São Paulo, ao terceiro céu, nem por isso estarias livre de sofrer alguma contrariedade. *Eu, diz Jesus, mostrar-lhe-ei quanto terá de sofrer por meu nome* (At 9,16). Não te resta, pois, senão sofrer se pretendes amar e servir a Jesus para sempre.

13. Oxalá fosses digno de sofrer alguma coisa pelo nome de Jesus! Que grande glória resultaria para ti, que alegria para os santos de Deus e que edificação para o próximo! Pois todos recomendam a paciência, ainda que poucos queiram praticá-la. Com razão devias padecer, de bom grado, esse pouco por amor de Cristo, quando muitos sofrem pelo mundo coisas incomparavelmente maiores.

14. Fica sabendo e tem por certo que tua vida deve ser uma morte contínua, e quanto mais cada um morre a si mesmo, tanto mais começa a viver para Deus. Só é capaz de compreender as coisas do céu quem por Cristo se resolve a sofrer toda adversidade. Nada neste mundo é mais agradável a Deus nem mais proveitoso a ti que o sofrer, de bom grado, por Cristo. E se te dessem a escolha, antes deverias desejar sofrer adversidade, por amor de Cristo, do que ser recreado com muitas consolações, porque assim serias mais conforme a Cristo e mais semelhante a todos os santos. Porquanto não consiste nosso merecimento e progresso espiritual em ter muitas doçuras e consolações, mas em sofrer grandes angústias e tribulações.

15. Se houvera coisa melhor e mais proveitosa para a salvação dos homens do que o padecer, Cristo, decerto, o teria ensinado com palavras e exemplo, pois

claramente exorta seus discípulos e quantos o desejam seguir a que levem a cruz, dizendo: *Quem quiser vir após mim renuncie a si mesmo, tome sua cruz, e siga-me* (Lc 9,23). Seja, pois, de todas as lições e estudos este o resultado final: *Cumpre-nos passar por muitas tribulações, para entrar no Reino de Deus* (At 14,21).

LIVRO III

Da consolação interior

CAPÍTULO 1

DA COMUNICAÇÃO ÍNTIMA DE CRISTO COM A ALMA FIEL

1. *Ouvirei o que em mim disser o Senhor meu Deus* (Sl 84,9). Bem-aventurada a alma que ouve em si a voz do Senhor e recebe de seus lábios palavras de consolação! Benditos os ouvidos que percebem o sopro do divino sussurro e nenhuma atenção prestam às sugestões do mundo! Bem-aventurados, sim, os ouvidos que não atendem às vozes que atroam lá fora, mas à Verdade que os ensina lá dentro! Bem-aventurados os olhos que estão fechados para as coisas exteriores e abertos para as interiores! Bem-aventurados aqueles que penetram as coisas interiores e se empenham, com exercícios contínuos de piedade, em compreender, cada vez melhor, os celestes arcanos. Bem-aventurados os que com gosto se entregam a Deus e se desembaraçam de todos os empenhos do mundo. Considera bem isso, ó minha alma, e fecha as portas dos sentidos, para que possas ouvir o que em ti falar o Senhor teu Deus. Eis o que te diz o teu Amado:

2. *Eu sou tua salvação, tua paz e tua vida. Fica comigo e acharás paz. Deixa todas as coisas transitórias e busca as eternas.*

Que é todo o temporal, senão engano sedutor? E de que te servem todas as criaturas, se o Criador te abandonar? Renuncia, pois, a tudo, entrega-te dócil e fiel a teu Criador, para que possas alcançar a verdadeira felicidade.

CAPÍTULO 2

QUE A VERDADE FALA DENTRO DE NÓS, SEM ESTRÉPITO DE PALAVRAS

1. *Falai, Senhor, que o vosso servo escuta: Vosso servo sou eu, dai-me inteligência para que conheça os vossos ensinamentos. Inclinai meu coração às palavras de vossa boca; nele penetre, qual orvalho, vosso discurso* (1Rs 3,10; Sl 118,36.125; Dt 32,2). Diziam, outrora, os filhos de Israel a Moisés: *Fala-nos tu e te ouviremos; não nos fale o Senhor, para que não morramos* (Ex 20,19). Não assim, Senhor, não assim, vos rogo eu; antes, como o Profeta Samuel, humilde e ansioso, vos suplico: *Falai, Senhor, que o vosso servo escuta.* Não fale Moisés, nem algum dos profetas, mas falai-me vós, Senhor Deus, que inspirastes e iluminastes todos os profetas, porque vós podeis, sem eles, me ensinar perfeitamente, ao passo que eles, sem vós, de nada me serviriam.

2. Podem muito bem proferir palavras, mas não conseguem dar o espírito; falam com muita elegância, mas, se vós vos calais, não inflamam o coração. Ensinam a letra; vós, porém, explicais o sentido. Propõem os mistérios, mas vós descobris a significação das figuras. Proclamam os mandamentos, mas vós ajudais a cumpri-los. Mostram o caminho, mas vós dais força para segui-lo. Eles regam a superfície, mas vós dais a fecundidade. Eles clamam com palavras, mas vós dais a inteligência ao ouvido.

3. Não me fale, pois, Moisés, mas vós, Senhor meu Deus, Verdade eterna, para que não morra sem ter alcançado fruto algum, se só for admoestado por fora e não abrasado interiormente; e não seja minha condenação a palavra ouvida e não praticada, conhecida e não amada, criada e não observada. *Falai, pois, Senhor, que o vosso servo escuta; porque possuís palavras de vida eterna* (1Rs 3,10; Jo 6,69). Falai-me para consolação de minha alma e emenda de minha vida, também para louvor, glória e perpétua honra vossa.

CAPÍTULO 3

COMO AS PALAVRAS DE DEUS DEVEM SER OUVIDAS COM HUMILDADE E COMO MUITOS NÃO AS PONDERAM

1. *Jesus*: Ouve, filho, as minhas palavras, palavras suavíssimas que excedem toda a ciência dos filósofos e sábios deste mundo. *As minhas palavras são espírito e vida* (Jo 6,64) e não se devem interpretar humanamente. Não devem ser abusadas para vã complacência, mas devem ser ouvidas em silêncio e recebidas com máxima humildade e grande afeto.

2. *A alma*: E disse eu: *Bem-aventurado o homem a quem instruís, Senhor, e lhe ensinais a vossa lei, para suavizar-lhe os dias maus e dar-lhe consolo neste mundo* (Sl 93,12.13).

3. *Jesus*: Eu, diz o Senhor, desde o princípio ensinei aos profetas e ainda agora não cesso de falar a todos; mas muitos são insensíveis e surdos à minha voz. A muitos agrada mais a voz do mundo que a de Deus; mais facilmente seguem os apetites da carne que o preceito divino.

O mundo promete apenas coisas temporais e mesquinhas e é servido com grande ardor; eu prometo bens sublimes e eternos, e só encontro frieza nos corações dos mortais. Quem há que me sirva e obedeça em tudo com tanto empenho como se serve ao mundo e aos seus senhores? *Envergonha-te, Sídon, diz o mar* (Is 23,4). E se queres saber por que, ouve o motivo: Por um pequeno salário se empreendem grandes viagens, e pela vida eterna muitos nem dão um passo sequer. Busca-se o lucro vil; por um vintém, às vezes, há torpes brigas; por uma ninharia e promessa mesquinha não se teme a fadiga, nem de dia, nem de noite.

4. Mas que vergonha! Pelo bem imutável, pelo prêmio inestimável, para honra suprema e pela glória sem fim, o menor esforço nos cansa. Envergonha-te, pois, servo preguiçoso e murmurador, por serem os mundanos mais solícitos para a perdição que tu para a salvação. Procuram eles com mais gosto a vaidade que tu a verdade. Entretanto, não raro, sua esperança os engana; mas minha promessa a ninguém falta, nem despede com as mãos vazias ao que em mim confia. Darei o que prometi, cumprirei o que disse, contanto que se persevere fiel no meu amor até o fim. Eu sou quem remunera todos os bons e sujeita a provas duras todos os devotos.

5. Grava minhas palavras em teu coração e medita-as atentamente, porque te serão muito necessárias na hora da tentação. Coisas que agora não entendes quando lês, entenderás quando eu te visitar. De dois modos costumo visitar meus eleitos: pela tentação e pela consolação. E duas lições lhes dou cada dia: numa repreendo-lhes os vícios e noutra exorto-os ao progresso na virtude. Quem ouve minha palavra e a despreza, por ela será julgado no último dia.

Oração para implorar a graça da devoção

6. *A alma*: Meu Senhor e meu Deus! Vós sois todo o meu bem. E quem sou eu para me atrever a falar-vos? Eu sou vosso paupérrimo servo, um vil vermezinho, muito mais pobre e desprezível do que sei e ouso dizer. Lembrai-vos, Senhor, de que sois bom, justo e santo; vós tudo podeis, tudo dais, tudo encheis e só ao pecador deixais vazio. *Lembrai-vos de vossas misericórdias* (Sl 24,6) e enchei meu coração com a vossa graça, pois não quereis que sejam infrutuosas vossas obras.

7. Como poderei eu, nesta miserável vida, suportar-me a mim mesmo, se não me confortar vossa graça e misericórdia? Não desvieis de mim a vossa face, não demoreis a vossa visita, não me tireis o vosso consolo, para que não fique *a minha alma diante de vós qual terra sem água* (Sl 142,6). *Ensinai-me, Senhor, a fazer vossa vontade* (Sl 142,10), ensinai--me a andar em vossa presença, digna e humildemente; pois vós sois minha sabedoria, que em verdade me conheceis antes de ser feito o mundo e antes de eu nascer na terra.

CAPÍTULO 4

QUE DEVEMOS ANDAR PERANTE DEUS EM VERDADE E HUMILDADE

1. *Jesus*: Filho, anda diante de mim em verdade e procura-me sempre com simplicidade de coração. Quem anda diante de mim na verdade será defendido dos ataques inimigos e a verdade o livrará dos enganos e das murmurações dos maus. Se te libertar a verdade, serás verdadeiramente livre e não farás caso das vãs palavras dos homens.

2. *A alma*: Verdade é, Senhor, o que dizeis; peço-vos que assim se faça comigo. A vossa verdade me ensine, me defenda e me conserve até meu fim salutar. Ela me livre de toda má afeição e amor desregrado e assim poderei andar convosco, com grande liberdade de coração.

3. Jesus: Eu te ensinarei, diz a Verdade, o que é justo e agradável a meus olhos. Relembra teus pecados com grande dor e pesar e jamais te desvaneças por tuas boas obras. Com efeito, és pecador, sujeito a muitas paixões e preso em seus laços. De ti pendes sempre para o nada; depressa cais, logo és vencido, logo perturbado, logo desanimado. Nada tens de que possas gloriar-te; muito, porém, para te humilhar; pois és muito mais fraco do que podes imaginar.

4. Nada, pois, do que fazes te pareça grande, nada precioso e admirável, nada digno de apreço, nada nobre, nada verdadeiramente louvável e desejável, senão o que é eterno. Acima de tudo te agrade a eterna verdade, e te desagrade a tua extrema vileza. Nada temas, nada vituperes e fujas tanto como os teus vícios de pecados, que te devem entristecer mais do que quaisquer prejuízos materiais. Alguns não andam diante de mim com simplicidade, mas, curiosos e arrogantes, pretendem saber meus segredos e compreender os sublimes mistérios de Deus, descurando-se de si próprios e de sua salvação. Estes, por sua soberba e curiosidade, não raro caem em grandes tentações e pecados, porque me afasto deles.

5. Teme os juízos de Deus, treme da ira do Onipotente. Não queiras discutir as obras do Altíssimo; examina antes as tuas iniquidades, quanto mal cometestes e quanto bem deixastes de fazer por negligência. Alguns põem toda a sua devoção nos livros, outros nas imagens, outros em

sinais e exercícios exteriores. Alguns me trazem na boca, mas mui pouco no coração. Outros há, porém, que, alumiados no entendimento e purificados no afeto, sempre suspiram pelos bens eternos; não gostam de ouvir das coisas da terra e com repugnância satisfazem as exigências da natureza; estes percebem o que lhe diz o Espírito da Verdade. Pois lhes ensina a desprezar as coisas terrenas e amar as celestiais, a esquecer o mundo e almejar o céu dia e noite.

CAPÍTULO 5

DOS ADMIRÁVEIS EFEITOS DO AMOR DIVINO

1. *A alma*: Bendigo-vos, Pai celestial, Pai de meu Senhor Jesus Cristo, por vos terdes dignado lembrar-vos de mim, pobre criatura. Ó *Pai de misericórdia e Deus de toda consolação*! (2Cor 1,3), graças vos dou, porque, apesar de minha indignidade, me recreais às vezes com vossa consolação. Sede para sempre bendito e glorificado, com vosso Filho unigênito e o Espírito Santo consolador, por todos os séculos. Ah, Senhor Deus, santo amigo de minha alma, tanto que entrais em meu coração, exulta de alegria o meu interior. Vós sois a minha glória e o júbilo de meu coração; vós sois a minha esperança e meu refúgio no dia da tribulação.

2. Mas, como ainda sou fraco no amor e imperfeito na virtude, necessito ser consolado e confortado por vós; por isso visitai-me mais vezes e instruí-me com santas doutrinas. Livrai-me das más paixões e curai meu coração de todos os afetos desordenados, para que eu, sanado e purificado interiormente, seja apto para amar, forte para sofrer e constante para perseverar.

3. *Jesus*: Grande coisa é o amor! É um bem verdadeiramente inestimável que por si só torna suave o que é difícil e suporta sereno toda a adversidade. Porque leva a carga sem lhe sentir o peso e torna o amargo doce e saboroso. O amor de Jesus é generoso, inspira grandes ações e nos excita sempre à mais alta perfeição. O amor tende sempre para as alturas e não se deixa prender pelas coisas inferiores. O amor deseja ser livre e isento de todo apego mundano, para não ser impedido no seu afeto íntimo nem se embaraçar com algum incômodo. Nada mais doce do que o amor, nada mais forte, nada mais sublime, nada mais amplo, nada mais delicioso, nada mais perfeito ou melhor no céu e na terra; porque o amor procede de Deus e em Deus só pode descansar, acima de todas as criaturas.

4. Quem ama, voa, corre, vive alegre, é livre e sem embaraço. Dá tudo por tudo e possui tudo em todas as coisas, porque sobre todas as coisas descansa no Sumo Bem, do qual dimanam e procedem todos os bens. Não olha para as dádivas, mas eleva-se acima de todos os bens até aquele que os concede. O amor muitas vezes não conhece limites, mas seu ardor excede a toda medida. O amor não sente peso, não faz caso das fadigas e quer empreender mais do que pode; não se escusa com a impossibilidade, pois tudo lhe parece lícito e possível. Por isso, de tudo é capaz e realiza obras, enquanto o que não ama desfalece e cai.

5. O amor vigia sempre e até no sono não dorme. Nenhuma fadiga o cansa, nenhuma angústia o aflige, nenhum temor o assusta, mas qual viva chama a ardente labareda irrompe para o alto e passa avante. Só quem ama compreende o que é amar. Bem alto soa aos ouvidos de Deus o afeto da alma que diz: Meu Deus, meu amor! Vós sois todo meu, e eu todo vosso!

6. *A alma*: Dilatai-me o amor para que possa, no âmago do coração, saborear quão doce é amar, no amor desmanchar-me e nadar. Prenda-me o amor e eleve-me acima de mim, num transporte de fervor excessivo. Cante eu o cântico do amor, siga-vos ao alto, ó meu Amado, desfaleça minha alma no vosso louvor, no júbilo do amor. Amar-vos quero mais que a mim, e a mim só por amor de vós, e em vós a todos que deveras vos amam, conforme ordena a lei do amor que de vós dimana.

7. O amor é pronto, sincero, piedoso, alegre e amável; forte, sofredor, fiel, prudente, longânime, viril e nunca busca a si mesmo, pois, logo que alguém procura a si mesmo, perde o amor. O amor é circunspecto, humilde e reto; não é frouxo, não é leviano, nem cuida de coisas vãs; é sóbrio, casto, constante, quieto, recatado em todos os seus sentidos. O amor é submisso e obediente aos superiores, mas aos próprios olhos é vil e desprezível; devoto e agradecido para com Deus, confia e espera sempre nele, ainda quando está desconsolado, porque no amor não se vive sem dor.

8. Quem não está disposto a sofrer tudo e fazer a vontade do Amado não é digno de ser chamado amante. Àquele que ama cumpre abraçar por seu Amado, de boa vontade, tudo o que for duro e amargo e dele não se apartar por nenhuma contrariedade.

CAPÍTULO 6

DA PROVA DO VERDADEIRO AMOR

1. *Jesus*: Filho, não és ainda forte nem prudente no amor. – *A alma*: Por que, Senhor? – *Jesus*: Porque por qualquer contrariedade deixas o começado e com ânsia ex-

cessiva procuras a consolação. O homem forte no amor permanece firme nas tentações e não dá crédito às astuciosas sugestões do inimigo. Assim como lhe agrado na prosperidade, não lhe desagrado nas tribulações.

2. Quem ama discretamente não considera tanto a dádiva de quem ama, como o amor de quem dá. Atende mais à intenção que ao valor do dom, e a todas as dádivas estima menos que o Amado. Quem ama nobremente não repousa no dom, mas em mim acima de todos os dons. Nem tudo está perdido, se sentires, às vezes, menos devoção a mim ou a meus santos do que desejaras. Aquele sentimento terno e doce que experimentas, às vezes, é efeito da graça presente, um como que antegosto da pátria celestial; nele não te deves firmar muito, porquanto vai e vem. Mas pelejar contra os maus movimentos do coração e desprezar as sugestões do demônio é sinal de virtude e grande merecimento.

3. Não te perturbem, pois, estranhas imaginações, oriundas de matéria qualquer. Guarda firme teu propósito e tua reta intenção fixa em Deus. Não é ilusão o seres, alguma vez, subitamente arrebatado em êxtase e logo depois caíres de novo nos costumados desvarios do coração. Porque mais os padeces contra a vontade do que és causa deles, e enquanto te desagradarem e os repelires, serão para ti ocasião de merecimento, e não de perdição.

4. Fica sabendo que o antigo inimigo de todos os modos se esforça por impedir-te os bons desejos e apartar-te de todos os exercícios devotos, nomeadamente da veneração dos santos, da devota memória de minha paixão, da salutar lembrança dos pecados, da vigilância sobre o próprio coração e do firme propósito de aproveitar na virtude. Sugere-te muitos maus pensamentos para te causar

tédio e horror e arredar-te da oração e leitura espiritual. Desagrada-lhe muito a confissão humilde e, se pudesse, far-te-ia abandonar a comunhão. Não lhe dês crédito, nem faças caso dele, posto que muitas vezes te arme laços e enganos. Leva à sua conta os pensamentos maus e desonestos que te sugere. Diz-lhe: Retira-te, espírito imundo, desgraçado, sem-vergonha; muito perverso deves ser para me insinuares tais coisas! Vai-te daqui, malvado sedutor, não terás em mim parte alguma, que Jesus estará comigo, qual guerreiro invencível, e tu ficarás confundido. Antes quero morrer e sofrer todos os tormentos, que te fazer a vontade; cala-te e emudece; não te escutarei, por mais que me molestes. *O Senhor é minha luz e minha salvação, a quem temerei. Levante-se embora contra mim um exército, não temerá meu coração. O Senhor é meu socorro e meu Salvador* (Sl 26,1.6; 18,17).

5. Peleja como bom soldado e se, alguma vez, caíres por fraqueza, torna a cobrar maiores forças que as anteriores, tendo certeza que receberás mais copiosa graça; acautela-te, porém, muito contra a vã complacência e a soberba. Por falta desta vigilância andam muitos enganados e caem, às vezes, em cegueira incurável. A ruína destes soberbos, que loucamente presumem de si próprios, sirva-te de cautela e te conserve na virtude da humildade.

CAPÍTULO 7

COMO SE HÁ DE OCULTAR A GRAÇA SOB A GUARDA DA HUMILDADE

1. *Jesus*: Filho, muito útil e seguro te é encobrir a graça da devoção, sem te desvaneceres ou te preocupares

muito com ela; convindo antes desprezar-te a ti mesmo e temer que não sejas digno da graça recebida. Importa não estares muito apegado a tais sentimentos, que bem depressa podem mudar-se nos contrários. Com a graça presente, pondera quão miserável e pobre és sem ela. O progresso na vida espiritual não consiste tanto em teres a graça da consolação, mas em suportar-lhe com humildade, abnegação e paciência a privação, de sorte que então não afrouxes no exercício da oração, nem deixes de todo as demais boas obras que costumas praticar. Antes faz tudo de boa vontade, como melhor puderes e entenderes, nem te descuides totalmente de ti por causa das securas e ansiedades espirituais.

2. Muitos há que se deixam levar pela impaciência e pelo desalento logo que as coisas não correm como desejam. *Pois nem sempre está nas mãos do homem o seu caminho* (Jr 10,23), mas a Deus pertence consolar e dar a graça quando quiser e quanto quiser, a quem quiser, tudo como lhe apraz, nem mais nem menos. Perderam-se alguns imprudentes por causa da graça da devoção, porque quiseram fazer mais do que podiam, não ponderando a fraqueza das suas forças e seguindo mais o impulso do coração que os ditames da razão. E porque presumiram de si coisas bem depressa perderam a graça. Caíram maiores do que Deus havia determinado, na pobreza e no abatimento os que pretendiam pôr seu ninho no céu, para assim, humilhados e empobrecidos, aprenderem a não voar com suas próprias asas, mas a esperar à sombra das minhas. Os novos e principiantes no caminho do Senhor facilmente se podem enganar e perder, se não se aconselharem com homens experientes.

3. Estes, se quiserem antes seguir seu próprio parecer, que confiar no conselho de pessoas experimentadas, põem em grande risco sua salvação, se continuarem aferrados à sua opinião. Os que se têm por sábios raro se deixam dirigir pelos outros. É melhor saber e entender pouco, humildemente, que possuir tesouros de ciência e presumir de si. Melhor te é ter menos do que muito, se com o muito te vem o orgulho. Não é bastante prudente quem se entrega todo à alegria, esquecido da antiga pobreza e do casto temor de Deus que sempre receia perder a graça concedida. Nem tampouco muita virtude denota entregar-se a nímio desânimo em tempo de adversidade e por qualquer contratempo, sem pôr em mim a confiança devida.

4. Quem se dá por muito seguro no tempo de paz, muitas vezes se revela tímido e covarde em tempo de guerra. Se te souberes conservar sempre humilde e pequeno no teu conceito, e governar com moderação teu espírito, não cairás tão depressa na tentação e no pecado. É de aconselhar, quando sentes fervor de espírito, meditar no que será de ti, retirando-se essa graça. E quando isto de fato acontecer, pensa que a luz pode voltar, que a tirei por algum tempo para tua cautela e minha glória.

5. Tal provação, muitas vezes, te é mais proveitosa do que se tudo te saísse à medida de teu desejo. Pois não se devem avaliar os merecimentos do homem pelas muitas visões e consolações, nem pela perícia nas Escrituras, nem pela elevação do cargo. Mas, para conhecer o valor de cada um, considera: se está fundado na verdadeira humildade e vive cheio de amor de Deus; se sempre busca a honra de Deus com pura e reta intenção; se se despreza a si mesmo, nem faz caso algum de si, e se gosta mais de ser desprezado e humilhado do que estimado pelos homens.

CAPÍTULO 8

DA VIL ESTIMA DE SI PRÓPRIO ANTE OS OLHOS DE DEUS

1. *A alma*: Ao meu Senhor falarei, ainda que seja pó e cinza (Gn 18,27). Se eu me tiver em maior conta, eis que vos ergueis contra mim e, ao testemunho verdadeiro que dão meus pecados, não posso contradizer. Mas se me tiver por vil e me aniquilar, deixando toda a vã estima de mim mesmo, e me reduzir a pó, que sou na verdade, ser-me-á propícia a vossa graça, e a vossa luz há de vir em meu coração, e todo sentimento de amor-próprio, por mínimo que seja, perder-se-á no abismo do meu nada e perecerá para sempre. Ali me dais a conhecer o que sou, o que fui, a que ponto cheguei; porque sou nada – e não o sabia. Abandonado a mim mesmo, sou um puro nada e a mesma fraqueza; tanto, porém, que lançais um olhar sobre mim, logo me sinto forte e cheio de nova alegria. E é grande maravilha que tão sabiamente me levantais e tão benigno me abraçais, a mim, que pelo próprio peso pendo sempre para a terra.

2. Isso é obra do vosso amor, que me previne gratuitamente, socorrendo-me em mil necessidades, guardando-me de males, para bem dizer, infindos. Perdi-me, amando-me desordenadamente; mas, buscando a vós unicamente e amando com puro amor, a mim me achei e a vós também, e este amor me fez ainda mais aprofundar-me em meu nada. Porque vós, ó dulcíssimo Senhor, me tratais além do meu merecimento e mais do que ouso esperar ou pedir.

3. Bendito sejais, meu Deus, pois conquanto eu seja indigno de todo bem, ainda assim não cessa vossa liberalida-

de e bondade infinita de fazer bem até aos ingratos e aos que de vós andam apartados. Convertei-nos a vós, para que sejamos gratos, humildes e devotos, pois vós sois nossa salvação, nossa virtude e fortaleza.

CAPÍTULO 9

TUDO SE DEVE REFERIR A DEUS COMO AO FIM ÚLTIMO

1. *Jesus*: Filho, eu devo ser o teu supremo e último fim, se desejas ser verdadeiramente feliz. Esta intenção purificará teu coração, tantas vezes apegado desregradamente a si mesmo e às criaturas. Porque se em alguma coisa te buscas a ti mesmo, logo desfaleces e afrouxas. Refere, pois, tudo a mim, principalmente porque eu sou quem te deu tudo. Considera todos os bens como dimanados do Sumo Bem, e por isso refere tudo a mim como sua origem.

2. De mim, como de fonte de vida, tiram água viva o pequeno e o grande, o rico e o pobre, e os que me servem voluntária e livremente receberão graça sobre graça. Mas quem, fora de mim, quiser gloriar-se, ou deleitar-se em algum bem particular, jamais poderá firmar-se na verdadeira alegria, nem se lhe dilatará o coração, mas sempre andará perturbado e angustiado de mil maneiras. Não te atribuas, pois, bem algum, nem a pessoa alguma atribuas virtude, mas refere tudo a Deus, sem o qual nada tem o homem. Eu dei tudo, eu quero tudo reaver, e com estrito rigor exijo as devidas ações de graças.

3. É esta a verdade que afugenta toda a vanglória. E se entrar em teu coração a graça celestial e a verdadeira caridade, não sentirás mais inveja alguma, nem aperto

de coração, nem haverá mais lugar para o amor-próprio. Porque tudo vence a divina caridade e multiplica as forças da alma. Se és verdadeiramente sábio, só em mim te alegrarás e porás a tua confiança; *porque ninguém é bom senão Deus* (Mt 19,17), só Ele cumpre seja louvado e bendito em tudo, acima de todas as coisas.

CAPÍTULO 10

COMO, DESPREZANDO O MUNDO, É DOCE SERVIR A DEUS

1. *A alma*: De novo, Senhor, vos falarei e não me calarei; direi aos ouvidos de meu Deus, meu Senhor e meu Rei, que está nas alturas: *Quão grande, Senhor, é a abundância da doçura que reservastes aos que vos temem!* (Sl 30,20). Mas que será para os que vos amam e de todo o coração vos servem? É verdadeiramente inefável a doçura da contemplação que concedeis aos que vos amam. Nisto, particularmente, me manifestastes a doçura de vosso amor: quando não era, vós me criastes, e quando andava longe de vós, perdido no erro, me reconduzistes a vos servir e me destes o preceito de vos amar.

2. Ó fonte perene de amor, que direi de vós? Como poderia eu esquecer-me que vos dignastes lembrar-vos de mim, ainda depois de depravado e perdido? Além de toda esperança, usastes de misericórdia para com vosso servo, e acima de todo mérito me prodigalizastes vossa graça e amizade. Com que poderei agradecer-vos tal mercê? Porque nem a todos é dado deixar tudo, renunciar ao mundo e abraçar a vida religiosa. Será porventura mérito que eu vos sirva, quando toda criatura tem obrigação de

vos servir? Não me deve parecer grande coisa que eu vos sirva; antes devo considerar grande e digno de admiração que vos digneis receber-me, pobre e indigno como sou, em vosso serviço e associar-me aos vossos servos prediletos.

3. Vede, é vosso, Senhor, tudo que possuo e com que vos sirvo; entretanto, mais me servis vós a mim, do que eu a vós. Aí estão o céu e a terra, que criastes para uso do homem, e estão atentos a vosso aceno, a fazer cada dia o que lhes mandais. Mais ainda: os próprios anjos destinastes ao serviço do homem. Mas, acima de tudo isso, vós mesmos vos dignais servir ao homem e prometestes ser a sua recompensa.

4. Que vos darei eu por esses benefícios sem conta! Oh, Se pudera servir-vos todos os dias da minha vida! Se pudera, ainda que um só dia, prestar-vos condigno serviço! Na verdade, sois digno de todo serviço, de toda honra e glória eterna. Vós sois verdadeiramente meu Senhor, eu vosso pobre servidor, obrigado a servir-vos com todas as minhas forças, sem me cansar jamais de vos dar louvores. Assim o quero, assim o desejo: dignai-vos, Senhor, suprir o que me falta.

5. Grande honra e glória é servir-vos e desprezar tudo por vosso amor. Porque copiosa graça alcançarão os que livremente se sujeitam ao vosso santíssimo serviço. Encontrarão suavíssima consolação do Espírito Santo os que por vós desprezam todos os deleites carnais. Conseguirão grande liberdade da alma os que por vosso nome entram na vereda estreita e se apartam de todos os cuidados mundanos.

6. Ó doce e amável servidão de Deus, que torna o homem verdadeiramente livre e santo! Ó sagrada servidão do estado religioso, que faz o homem igual aos anjos,

agradável a Deus, terrível aos demônios e recomendável a todos os fiéis! Ó ditoso e nunca assaz desejado serviço, que nos mereceu o Bem soberano e adquire o gozo que há de durar para sempre!

CAPÍTULO 11

COMO DEVEMOS EXAMINAR E MODERAR OS DESEJOS DO CORAÇÃO

1. *Jesus*: Filho, muitas coisas deves ainda aprender, que não sabes bem.

2. *A alma*: Que coisas são essas, Senhor?

3. *Jesus*: Que conformes completamente teu desejo a meu beneplácito e não sejas amante de ti mesmo, mas zeloso cumpridor de minha vontade. Muitas vezes se inflamam teus desejos e, com veemência, te impelem; examina, porém, o que mais te move, se minha honra ou teu próprio interesse. Se for eu o motivo, ficarás bem contente, qualquer que seja o sucesso do empreendimento; mas, se lá se ocultar algum interesse próprio, eis que isso logo te embaraça e aflige.

4. Guarda-te, pois, de confiar demasiadamente em preconcebidos desejos que tens sem me consultar, para que não suceda que te arrependas e te desagrade o que primeiro te agradou e procuraste com zelo, por te haver parecido melhor. Porém, nem todo desejo que pareça bom logo devemos seguir, tampouco a todo sentimento contrário logo havemos de fugir. Convém, às vezes, refrear mesmo os bons empenhos e desejos, para que as preocupações não te distraiam o espírito; para que não dês

escândalo por falta de discrição; para que, enfim, não te perturbe a resistência dos outros e desfaleças.

5. Outras vezes, ao contrário, é preciso usar de violência e rebater varonilmente os apetites dos sentidos sem atender ao que a carne quer ou não quer, mas trabalhando por sujeitá-la ao espírito, ainda que se revolte. Cumpre castigá-la e curvá-la à sujeição a tal ponto que esteja disposta para tudo, sabendo contentar-se com pouco e deleitar-se com a simplicidade, sem resmungar por qualquer incômodo.

CAPÍTULO 12

DA ESCOLA DA PACIÊNCIA E LUTA CONTRA AS CONCUPISCÊNCIAS

1. *A alma*: Deus e Senhor meu, pelo que vejo, a paciência me é muito necessária; pois são muitas as contrariedades desta vida. Por mais que se procure a paz, não há viver sem combate e sofrimento.

2. *Jesus*: Assim é, filho, e não quero que busques uma paz isenta de tentações e contrariedades, mas que julgues ter achado a paz, ainda quando fores molestado de muitas atribulações e provado em muitas contrariedades. Se dizes que não podes sofrer tanta coisa, como suportarás, então, o purgatório? De dois males sempre se deve escolher o menor. Para escapar dos suplícios futuros, trata de sofrer com paciência os males presentes, por amor de Deus. Julgas, acaso, que nada ou pouco sofrem os homens do mundo? Tal não encontrarás, nem entre os mais regalados.

3. Dirás, talvez, que eles têm muitos deleites e seguem a sua própria vontade, por isso pouco lhes pesa a tribulação.

4. Seja embora assim, e tenham eles quanto desejam, mas quanto tempo achas que há de durar isso: *Eis, qual fumo se desvanecerão os abastados do século,* nem lembrança restará de seus prazeres passados. E mesmo enquanto vivem, não os fruem sem amargura, tédio e temor. Porquanto do próprio objeto de seus deleites muitas vezes lhes vem a dor que os castiga. E é justo que assim lhes suceda que encontrem amargura e confusão nos gozos que buscam e perseguem desordenadamente.

5. E quão breves, quão falsos, quão desordenados e torpes são todos os deleites do mundo! Mas os homens, na embriaguez e cegueira do espírito, não o compreendem; antes, como irracionais, por um diminuto prazer, nesta vida corruptível dão a morte à sua alma. Tu, pois, filho, *não sigas teus apetites, renuncia à própria vontade* (Eclo 18,30); *deleita-te no Senhor, e ele te dará o que teu coração anela* (Sl 36,4).

6. Pois, se queres verdadeiras delícias e receber de mim consolação abundante, despreza todas as coisas mundanas e renuncia a todos os prazeres inferiores, e por recompensa terás copiosa consolação. Quanto mais te apartares do prazer que encontras nas criaturas, tanto mais suaves e eficazes consolações em mim acharás. Não o conseguirás, a princípio, sem alguma tristeza e trabalho na peleja; opor-se-á o costume inveterado, mas será vencido por outro melhor. Revoltar-se-á a carne, mas o fervor de espírito lhe porá freio. Perseguir-te-á a serpente antiga e te molestará, mas tu a afugentarás com a oração e, com o trabalho proveitoso, lhe trancarás a principal entrada.

CAPÍTULO 13

DA OBEDIÊNCIA E HUMILDE SUJEIÇÃO, A EXEMPLO DE JESUS CRISTO

1. Filho, quem procura subtrair-te à obediência aparta-se também da graça; e quem procura favores particulares perde os comuns. Aquele que não se sujeita pronta e de boa mente a seu superior, mostra que sua carne não lhe obedece ainda prontamente, mas muitas vezes se revolta e resmunga. Aprende, pois, a sujeitar-te prontamente a teu superior se queres subjugar a própria carne, porque facilmente se vence o inimigo exterior quando o homem interior não está assolado. Pior inimigo e mais perigoso não tem a alma, que tu mesmo, quando não obedeces ao espírito. Se queres vencer a carne e o sangue, deves compenetrar-te do sincero e absoluto desprezo de ti mesmo. Mas porque ainda te amas desordenadamente, por isso te repugna sujeitar-te de todo à vontade dos outros.

2. Ora, que muito é que tu, que és pó e nada, te sujeites a um homem, por amor de Deus, quando eu, o Todo-poderoso e Altíssimo, que criei do nada todas as coisas, me sujeitei humilde ao homem, por amor de ti? Fiz-me o mais humilde e o último de todos para que venças, com a minha humildade, a tua soberba. Aprende, pó, a obedecer; aprende, terra e limo, a humilhar-te e a curvar-te aos pés de todos. Aprende a quebrantar tua vontade e a submeter-te a todos em tudo.

3. Indigna-te contra ti mesmo; não toleres em ti desvanecimento algum; mas torna-te tão humilde e submisso que todos te possam pisar e calcar aos pés, qual lama da rua. Em que podes, vil pecador, contradizer

os que te repreendem, tu, que ofendeste a Deus tantas vezes e tantas vezes mereceste o inferno? Pouparam-te, porém, meus olhos, porque tua alma é preciosa diante de mim, para que conheças meu amor e te conserves grato aos meus benefícios; para que te dês continuamente à verdadeira sujeição e humildade, sofrendo com paciência o desprezo dos outros.

CAPÍTULO 14

QUE SE DEVEM CONSIDERAR OS ALTOS JUÍZOS DE DEUS, PARA NÃO NOS DESVANECERMOS NA PROSPERIDADE

1. Trovejam sobre mim, Senhor, vossos juízos, temem e tremem meus ossos abalados e minha alma fica de todo espavorida. Estou assombrado ao considerar que nem os céus são puros à vossa vista. Se nos anjos achastes maldade e não lhes perdoastes, que será de mim? Caíram as estrelas do céu, e eu, pó, de que hei de presumir? Aqueles cujas obras pareciam louváveis precipitaram-se no abismo, e vi os que comiam o pão dos anjos deleitarem-se com o alimento dos animais imundos.

2. Não há, pois, santidade, Senhor, se retirais vossa mão. Não há sabedoria que aproveite, se deixais de a governar. Não há fortaleza que valha, se deixais de a conservar. Não há castidade segura, se deixais de a defender. Não é proveitosa a própria vigilância, se falta vossa santa guarda. Desamparados, afundamos logo e perecemos, mas visitados por vós nos reerguemos e vivemos. Somos, com efeito, inconstantes, mas por vós somos confirmados; somos tíbios, mas vós nos afervorais.

3. Oh, quão humilde e baixo conceito devo formar de mim próprio! Em quão pouca conta devo ter o bem que possa haver em mim! Quão profunda deve ser a minha submissão a vossos insondáveis juízos, Senhor, se outra coisa não sou que nada e puro nada! Ó peso imenso! Ó pélago insondável, onde não acho outra coisa em mim senão um puro nada! Onde se refugiará, pois, a minha soberba? Onde a presunção de alguma virtude? Sumiu-se toda vanglória na profundeza dos vossos juízos.

4. Que é toda carne em vossa presença? Porventura gloriar-se-á o barro contra quem o formou? Como se pode desvanecer com vãos louvores aquele cujo coração está deveras sujeito a Deus? Nem o mundo todo é capaz de ensoberbecer aquele a que a Verdade subjugou. Nem os louvores de todos os lisonjeiros poderão mover aquele em que Deus põe toda a sua esperança. Porque todos que falam não são nada, e se esvaecem como som das palavras; ao passo que *a verdade do Senhor permanece para sempre* (Sl 116,2).

CAPÍTULO 15

COMO SE DEVE HAVER E FALAR CADA UM EM SEUS DESEJOS

1. *Jesus*: Filho, dize assim em todas as coisas: Senhor, se for do vosso agrado, faça-se isto assim. Senhor, se for para vossa honra, suceda isto em vosso nome. Senhor, se vos parecer que me é proveitosa e útil tal coisa, concedei-ma para que dela use para vossa glória; mas, se conheceis que me seria nociva e sem proveito para minha salvação, tirai-me tal desejo; porque nem todo desejo procede

do Espírito Santo, ainda que nos pareça bom e justo. É dificultoso discernir se te move espírito bom ou mau, a desejar isto ou aquilo, ou se te move tua própria vontade. Muitos se acharam no fim enganados, que a princípio pareciam animados de bom espírito.

2. Qualquer coisa, pois, que se te afigura desejável, deves sempre desejá-la e pedir com temor de Deus e humildade de coração, particularmente encomendar-me tudo com sincera resignação, dizendo: Vós sabeis, Senhor, o que é melhor; faça-se isto ou aquilo, conforme vossa vontade. Dai-me o que quiserdes, quanto e quando quiserdes. Disponde de mim como entendeis, como mais vos agradar e para maior glória vossa. Ponde-me onde quiserdes e disponde de mim livremente em tudo; estou em vossas mãos, virai-me e revirai-me segundo vos parecer. Eis aqui vosso servo, pronto para tudo; pois não desejo viver para mim, mas para vós; oxalá com dignidade e perfeição.

Oração para cumprir a vontade de Deus

3. Concedei-me, benigníssimo Jesus, que a vossa graça esteja comigo, comigo trabalhe e persevere comigo até ao fim. Dai-me que deseje e queira sempre o que mais vos for aceito e agradável. Vossa vontade seja a minha, e a minha acompanhe sempre a vossa e se conforme em tudo com ela. Tenha eu convosco o mesmo querer e não querer, de modo que não possa querer ou não querer, senão o que vós quereis ou não quereis.

4. Fazei que eu morra a tudo que é do mundo, e que deseje ser desprezado e esquecido neste século, por vosso amor. Dai-me que descanse em vós acima de todos os

bens desejáveis e repouse em vós o meu coração. Vós sois a verdadeira paz do coração e seu único descanso; fora de vós tudo é inquietação e desassossego. *Nesta paz verdadeira*, que sois vós, sumo e eterno bem, quero *dormir e descansar*. Amém.

CAPÍTULO 16

QUE SÓ EM DEUS SE HÁ DE BUSCAR A VERDADEIRA CONSOLAÇÃO

1. Tudo que posso desejar ou procurar para meu consolo não o espero nesta vida, mas na futura, porque ainda que eu tivesse todas as consolações do mundo e pudesse fruir todas as suas delícias, certo é que não poderiam durar muito tempo. Portanto, considera, ó minha alma, que não poderás achar consolo pleno e alegria perfeita senão em Deus, que consola os pobres e agasalha os humildes. Espera um pouco, ó minha alma, espera a divina promessa, e no céu terás todos os bens em abundância. Se desordenadamente desejares os bens presentes, perderás os eternos e celestes. Usa das coisas temporais, mas deseja as eternas. Não te podes satisfazer bem algum temporal, porque não foste criada para gozá-los.

2. Ainda que possuísses todos os bens criados, não poderias ser feliz e estar contente, porque só em Deus, criador de tudo, consiste tua bem-aventurança e felicidade; não qual a entendem e louvam os amadores do mundo, mas como a esperam os bons servos de Cristo e às vezes antegozam as pessoas espirituais e limpas de coração, *cuja conversação está nos céus* (Fl 3,20). Curto e vão é todo consolo humano; bendita e verdadeira a consolação que

a verdade nos comunica interiormente. O homem devoto em toda parte traz consigo seu consolador, Jesus, e lhe diz: Assisti-me, Senhor Jesus, em todo lugar e tempo. Seja, pois, esta a minha consolação: o carecer voluntariamente de toda consolação humana. E se me faltar também vosso consolo, seja para mim vossa vontade, que justamente me experimenta, a suprema consolação. Porque *não dura sempre a vossa ira, nem nos ameaçareis eternamente* (Sl 102,9).

CAPÍTULO 17

QUE TODO O NOSSO CUIDADO DEVEMOS ENTREGAR A DEUS

1. *Jesus*: Filho, deixa-me fazer contigo o que quero; eu sei o que te convém. Tu pensas como homem, e julgas em muitas coisas consoante te persuade o afeto humano.

2. *A alma*: Senhor, verdade é o que dizeis. Maior é vossa solicitude por mim, que todo o cuidado que eu comigo possa ter. Está em grande perigo de cair quem não entrega a vós todos os seus cuidados. Fazei de mim, Senhor, tudo o que quiserdes, contanto que permaneça em vós, reta e firme, a minha vontade, pois não pode deixar de ser bom tudo o que fizerdes de mim. Se quereis que esteja nas trevas, bendito sejais; e se quereis que esteja na luz, sede também bendito. Se quereis que esteja consolado, sede bendito, e se quereis que esteja tribulado, sede igualmente para sempre bendito.

3. *Jesus*: Filho, assim deves pensar, se desejas andar comigo. Tão pronto deves estar para sofrer como para gozar; para a pobreza e indigência, como para a riqueza e abundância.

4. *A alma*: Por vós, Senhor, sofrerei de bom grado tudo que quiserdes que me sobrevenha. De vossa mão quero aceitar, indiferentemente, o bem e o mal, as doçuras e as amarguras, as alegrias e as tristezas, e quero dar-vos graças por tudo que me suceder. Livrai-me de todo pecado e não temerei nem morte nem inferno. Contanto que não me rejeiteis eternamente, não me fará mal qualquer tribulação que me sobrevenha.

CAPÍTULO 18

COMO, A EXEMPLO DE CRISTO, SE HÃO DE SOFRER COM IGUALDADE DE ÂNIMO AS MISÉRIAS TEMPORAIS

1. *Jesus*: Filho, desci do céu para tua salvação; tomei tuas misérias, não levado pela necessidade, mas pelo amor, para ensinar-te a paciência e a suportar com resignação as misérias temporais. Porque, desde a hora do meu nascimento até a morte na cruz, nunca estive um instante sem sofrer. Padeci grande penúria dos bens terrestres: ouvi muitas vezes grandes queixas de mim: sofri com brandura injúrias e opróbrios; recebi, pelos benefícios, ingratidões; pelos milagres, blasfêmias; pela doutrina, repreensões.

2. *A alma*: Senhor, já que fostes tão paciente em vossa vida, cumprindo nisso principalmente a vontade de vosso Pai, justo é que eu, mísero pecador, me sofra a mim com paciência, conforme quereis, e suporte por minha salvação o fardo desta vida corruptível. Porque, se bem que a vida presente seja pesada, torna-se, contudo, com a vossa graça, muito meritória e, com vosso exemplo e o

de vossos santos, mais tolerável e leve para os fracos. É também muito mais consolada do que outrora, na lei antiga, quando a porta do céu estava fechada e o caminho do céu parecia mais escuro, e bem poucos tratavam de buscar o reino dos céus. Nem os justos e sequer os predestinados podiam entrar no reino celeste antes da vossa paixão e resgate da vossa sagrada morte.

3. Oh, quantas graças vos devo render, por vos terdes dignado mostrar a mim e a todos os fiéis o caminho direito e seguro para vosso reino eterno! Porque vossa vida é o nosso caminho e pela santa paciência caminhamos para vós, que sois nossa coroa. Sem vosso exemplo e ensino, quem cuidaria de vos seguir? Ah, quantos ficariam atrás, bem longe, se não vissem vossos luminosos exemplos! E se ainda andamos tíbios, com tantos prodígios e ensinamentos, que seria se não tivéssemos tantas luzes para vos seguir?

CAPÍTULO 19

DO SOFRIMENTO DAS INJÚRIAS E QUEM É PROVADO VERDADEIRO PACIENTE

1. *Jesus*: Filho, que é o que estás dizendo? Deixa de te queixar, em vista da minha paixão e dos sofrimentos dos santos. Ainda não tens resistido até derramar sangue. Pouco é o que sofres em comparação ao muito que padeceram eles em tão fortes tentações, tão graves tribulações, tão várias provações e angústias. Convém, pois, que te lembres dos graves trabalhos dos outros, para que mais facilmente sofras os teus, que são mais leves. E se não te parecem tão leves, olha, não venha isso de tua impaciência.

Contudo, sejam graves ou leves, procura levá-los todos com paciência.

2. Quanto melhor te dispões para padecer, tanto mais paciente serás em tuas ações e maiores merecimentos ganharás; com a resignação e a prática torna-se também mais suave o sofrimento. Não digas: não posso sofrer isto daquele homem, nem estou para aturar tais coisas, pois me fez grave injúria e me acusa de coisas que jamais imaginei; de outros sofreria facilmente, quanto julgasse que devia sofrer. Insensato é semelhante pensar, pois não considera a virtude da paciência nem olha àquele que há de coroá-la, mas só atende às pessoas e às ofensas recebidas.

3. Não é verdadeiro sofredor quem só quer sofrer quanto lhe parece e de quem lhe apraz. O verdadeiro paciente também não repara em quem exercita a paciência; se é seu superior, ou igual, ou inferior, se é homem bom e santo, ou mau e perverso. Mas, sem diferença de pessoa, sempre que lhe sucede qualquer adversidade, aceita-a gratamente da mão de Deus e a considera um grande lucro para sua alma. Porque aos olhos de Deus qualquer coisa, por insignificante que seja, que soframos por amor dele, terá seu merecimento.

4. Aparelha-te, pois, para o combate, se queres a vitória. Sem peleja não podes chegar à coroa da vitória. Se não queres sofrer, renuncia à coroa; mas, se desejas ser coroado, luta varonilmente e sofre com paciência. Sem trabalho não se consegue o descanso e sem combate não se alcança a vitória.

5. *A alma*: Tornai-me, Senhor, possível, pela graça, o que me parece impossível pela natureza. Vós bem sabeis quão pouco sei sofrer e que logo fico desanimado com a menor contrariedade. Tornai-me amável e desejável qualquer prova e aflição, por vosso amor, porque o padecer e penar por vós é muito proveitoso à minha alma.

CAPÍTULO 20

DA CONFISSÃO DA PRÓPRIA FRAQUEZA, E DAS MISÉRIAS DESTA VIDA

1. *A alma*: *Confesso contra mim mesmo minha maldade* (Sl 31,5), confesso, Senhor, minha fraqueza. Muitas vezes a menor coisa basta para me abater e entristecer. Proponho agir valorosamente, mas, assim que me sobrevém uma pequena tentação, vejo-me em grandes apuros. Às vezes é de uma coisa mesquinha que me vem grave aflição. E quando me julgo algum tempo seguro, vejo-me, não raro, vencido por um sopro, quando menos o penso.

2. Olhai, pois, Senhor, para essa minha baixeza e fragilidade, que conheceis perfeitamente. Compadecei-vos de mim e *tirai-me da lama, para que não fique atolado* (Sl 68,18) e arruinado para sempre. É isto que amiúde me atormenta e confunde em vossa presença: o ser eu tão inclinado a cair e tão fraco a resistir às paixões. E embora não me levem ao pleno consentimento, muito me molestam e afligem seus assaltos, e muito me enfastia o viver sempre nessa peleja. Nisto conheço minha fraqueza, que mais depressa me vem do que se vão essas abomináveis fantasias da imaginação.

3. Ó poderosíssimo Deus de Israel, zelador das almas fiéis, olhai para os trabalhos e dores de vosso servo e assisti-lhe em todos os seus empreendimentos! Confortai-me com a força celestial, para que não me vença e domine o homem velho, a mísera carne, ainda não inteiramente sujeita ao espírito, contra a qual será necessário pelejar enquanto estiver nesta miserável vida. Ai! Que vida é esta, em que nunca faltam as tribulações e misérias, em que tudo está cheio de inimigos e ciladas! Porque mal acaba

uma tribulação ou tentação, outra já se aproxima, e até antes de acabar um combate, muitos outros já sobrevêm, e inesperados.

4. E como se pode amar uma vida cheia de tantas amarguras, sujeita a tantas calamidades e misérias? Como se pode chamar vida o que gera tantas mortes e desgraças? E, não obstante, muitos amam e procuram nela deleitar-se. Muitos acoimam o mundo de enganador e vão, e ainda assim lhes custa deixá-lo, porque se deixam dominar pelos apetites da carne. Muitas coisas nos inclinam a amar o mundo, outras a desprezá-lo. Fazem amar o mundo a concupiscência da carne, a concupiscência dos olhos e a soberba da vida; mas as penas e as misérias que estas coisas se seguem geram o ódio e aborrecimento do mundo.

5. Infelizmente, o vil deleite vence a alma mundana, *que julga delícia o estar em meio dos espinhos* (Jó 30,7), porque nunca viu nem provou a doçura de Deus, nem a intrínseca suavidade da virtude. Mas aqueles que perfeitamente desprezam o mundo e procuram viver para Deus, em santa disciplina, experimentam a doçura divina, prometida aos verdadeiros abnegados, e mais claramente conhecem os erros grosseiros do mundo e seus vários enganos.

CAPÍTULO 21

COMO SE DEVE DESCANSAR EM DEUS SOBRE TODOS OS BENS E DONS

1. *A alma*: Ó minha alma, em tudo e acima de tudo descansa sempre no Senhor, porque Ele é o eterno repouso dos santos. Dai-me, ó dulcíssimo e amantíssimo Jesus, que eu descanse em vós mais que em toda criatura; mais

que na saúde e formosura; mais que na glória e honra, no poder e dignidade; mais que em toda ciência e sutileza; mais que em todas as riquezas e artes; mais que na alegria e no divertimento; mais que na fama e no louvor; mais que nas doçuras e consolações, esperanças e promessas, desejos e méritos; mais que em todos os dons e dádivas que me podeis dar e infundir; mais que em todo gozo e alegria que minha alma possa experimentar e sentir; finalmente, mais que nos anjos e arcanjos e todo o exército celeste; acima de todo o visível e invisível, acima, enfim, de tudo aquilo que vós, meu Deus, não sois.

2. Porquanto vós, meu Deus, sois bom *acima de todas as coisas. Só vós sois altíssimo,* só vós poderosíssimo, só vós suficientíssimo e pleníssimo, só vós suavíssimo e verdadeiro consolador, só vós formosíssimo e amantíssimo, só vós nobilíssimo e gloriosíssimo sobre todas as coisas, em quem se olham, a um tempo e plenamente, todos os bens passados, presentes e futuros. Por isso, é mesquinho e insuficiente tudo quanto fora de vós mesmo me dais, revelais ou prometeis, enquanto vos não vejo e possuo inteiramente; porque meu coração não pode descansar verdadeiramente, nem estar totalmente satisfeito a não ser em vós, acima de todos os dons e de todas as criaturas.

3. Ó meu Jesus, esposo diletíssimo, amante puríssimo, senhor absoluto de toda a criação, quem me dera as asas da verdadeira liberdade para voar e repousar em vós! Oh, quando me será concedido ocupar-me totalmente de vós e experimentar vossa doçura, Senhor meu Deus! Quando estarei tão perfeitamente recolhido em vós, que não me sinta a mim mesmo por vosso amor, mas só a vós, acima de toda sensação e medida, que nem todos conhecem! Agora, porém, não cesso de gemer, e levo, cheio de dor,

o peso de minha infelicidade; pois neste vale de lágrimas sucedem tantos males, que muitas vezes me perturbam, entristecem e anuviam a alma; outras vezes me embaraçam, distraem, atraem e emaranham, para me impossibilitar vosso acesso e me privar das doces carícias, que gozam sempre os espíritos bem-aventurados! Deixai-vos enternecer por meus suspiros e tantas amarguras que padeço nesta terra.

4. Ó Jesus, esplendor da eterna glória, consolo da alma desterrada, diante de vós emudece minha boca e meu silêncio vos fala: Até quando tardará a vir o meu Senhor? Venha a este seu servo pobrezinho trazer-lhe alegria; estenda-lhe a mão e livre este miserável de toda angústia. Vinde, vinde, porque sem vós não posso ter nem um dia, nem uma hora feliz, pois vós sois minha alegria e sem vós está vazio meu coração. Miserável sou, como que preso e carregado de grilhões, enquanto me não recreeis com a luz de vossa presença e me deis a liberdade, mostrando-me benigno semblante.

5. Busquem outros o que quiserem em lugar de vós, a mim nenhuma coisa me há de agradar jamais, senão vós, meu Deus, minha esperança e salvação eterna. Não calarei, nem cessarei de orar, até que volte vossa graça, e vós me faleis no interior.

6. *Jesus*: Aqui me tens, venho a ti, porque me chamaste. Moveram-me tuas lágrimas e os desejos de tua alma; a humildade e a contrição do teu coração me trouxeram a ti.

7. *A alma*: Eu disse: Chamei-vos, Senhor, e desejei gozar-vos, disposto a desprezar tudo por vosso amor, que vós primeiro me inspirastes buscar-vos. Sede, pois, bendito, Senhor, pela bondade que usais para com vosso servo, segundo vossa infinita misericórdia. Que mais pode

fazer vosso servo em vossa presença, senão humilhar-se profundamente diante de vós e lembrar-se sempre de sua maldade e vileza? Pois nada há semelhante a vós, entre todas as maravilhas do céu e da terra. Vossas obras são perfeitíssimas, vossos juízos verdadeiros e vossa providência governa todas as coisas. Louvor e glória, pois, a vós, ó Sabedoria do Pai, minha boca vos louva e minha alma vos engrandece, juntamente com todas as criaturas.

CAPÍTULO 22

DA RECORDAÇÃO DOS INUMERÁVEIS BENEFÍCIOS DE DEUS

1. *A alma*: Abri, Senhor, meu coração à vossa lei, e ensinai-me o caminho de vossos preceitos. Fazei-me compreender a vossa vontade, e com grande reverência e diligente consideração rememorar os vossos benefícios, gerais ou particulares, para assim render-vos por eles as devidas graças. Bem sei e confesso que nem pelo menor benefício vos posso render condignos louvores e agradecimentos. Eu me reconheço inferior a todos os bens que me destes e, quando considero vossa majestade, abate-se meu espírito com o peso de vossa grandeza.

2. Tudo o que temos, na alma e no corpo, todos os bens que possuímos, internos e externos, naturais e sobrenaturais, todos são benefícios vossos, e outras tantas provas de vossa bondade, liberalidade e munificência, que de vós todos os bens recebemos. E ainda que este receba mais e outro menos, tudo é vosso, e sem vós ninguém pode alcançar a menor coisa. E aquele que recebeu mais não pode gloriar-se de seu merecimento, nem se elevar

acima dos outros, nem desprezar o menor; porque só é maior e melhor aquele que menos atribui a si, e é mais humilde e fervoroso em vos agradecer. E quem se considera mais vil e se julga o mais indigno de todos é o mais apto para receber maiores dons.

3. O que, porém, recebeu menos não deve afligir-se, nem se queixar, nem ter inveja do mais rico; olhará, ao contrário, para vós e louvará vossa bondade, que tão copiosa e liberalmente prodigalizais vossas dádivas, sem acepção de pessoas. De vós nos vêm todas as coisas; por todas, pois, deveis ser louvado. Vós sabeis o que é conveniente dar a cada um, e não nos pertence indagar por que este tem menos, aquele mais; só vós podeis avaliar os merecimentos de cada um.

4. Por isso, Senhor meu Deus, considero como grande benefício o não ter eu muitas coisas que trazem a glória exterior e os humanos louvores. Portanto, ninguém, à vista de sua pobreza e da vileza de sua pessoa, deve conceber, por isso, desgosto, tristeza ou desalento, senão grande alegria e consolo, porque vós, Deus meu, escolhestes por vossos particulares e íntimos amigos os pobres, os humildes e os desprezados deste mundo. Testemunho disso são vossos apóstolos, a quem constituístes príncipes sobre toda a terra. Todavia, viveram neste mundo tão sem queixa, tão humildes e com tanta singeleza da alma, tão sem malícia ou dolo, que se alegravam de sofrer contumélias por vosso nome, e com grande afeto abraçavam o que o mundo aborrece.

5. Nada, pois, deve alegrar tanto aquele que vos ama e reconhece vossos benefícios, como ver executar-se a seu respeito vossa vontade e o beneplácito de vossas eternas disposições. Tanto deve com isso estar contente e satis-

feito, que queira de tão boa vontade ser o menor, como outro desejaria ser o maior; e tão sossegado e contente deve estar no último como no primeiro lugar, tão satisfeito em ser desprezado e abatido, sem nome nem reputação, como se fosse o mais honrado e estimado no mundo. Porque a vossa vontade e o amor de vossa honra devem ser antepostos a tudo e devem consolar e agradar mais ao vosso servo, que todos os dons presentes ou futuros.

CAPÍTULO 23

DAS QUATRO COISAS QUE PRODUZEM GRANDE PAZ

1. *Jesus*: Filho, vou agora ensinar-te o caminho da paz e da verdadeira liberdade.

2. *A alma*: Fazei, Senhor, o que dizeis, que muito grato me é ouvi-lo.

3. *Jesus*: Filho, trata de fazer antes a vontade alheia que a tua. Prefere sempre ter menos que mais. Busca sempre o último lugar e sujeita-te a todos. Deseja sempre e roga que se cumpra plenamente em ti a vontade de Deus. O homem que assim procede penetra na região da paz e do descanso.

4. *A alma*: Senhor, esse vosso discurso é breve, mas encerra muita perfeição. Poucas são as palavras, cheias, porém, de sabedoria e de copioso fruto. Se eu as praticasse fielmente, não me deixaria perturbar com tanta facilidade. Pois, todas as vezes que me sinto inquieto e aflito, verifico que me desviei dessa doutrina. Vós, porém, que tudo podeis e desejais sempre o progresso da alma, aumentai em mim a graça, para que possa guardar vossos ensinamentos e levar a efeito minha salvação.

Oração contra os maus pensamentos

5. *Senhor, meu Deus, não vos aparteis de mim, meu Deus, dignai-vos socorrer-me* (Sl 70,13). Pois me invadem vários pensamentos, e grandes temores afligem minha alma. Como escaparei ileso, como poderei vencê-los?

6. *Diante de ti*, são palavras vossas, *irei eu e humilharei os soberbos da terra* (Is 14,1); abrir-te-ei as portas do cárcere e te revelarei mistérios recônditos.

7. Fazei, Senhor, conforme dizeis e dissipe vossa presença todos os maus pensamentos. Esta é a minha única esperança e consolação: a vós recorrer em toda tribulação, em vós confiar, invocar-vos de todo o coração e com paciência aguardar a vossa consolação.

Oração para pedir o esclarecimento do espírito

8. Iluminai-me, ó bom Jesus, com a claridade da luz interior e dissipai todas as trevas que reinam em meu coração. Refreai as dissipações nocivas e rebatei as tentações, que me fazem violência. Pelejai valorosamente por mim e afugentai as más feras, essas traiçoeiras concupiscências, para que se faça a paz por vossa virtude e ressoe perene louvor no templo santo, que é a consciência pura. Mandai aos ventos e às tempestades; dizei ao mar: aplaca-te, e ao tufão: não sopres; e haverá grande bonança.

9. *Enviai vossa luz e vossa verdade* (Sl 42,3), para que resplandeçam sobre a terra; porque sou terra vazia e estéril, enquanto não me iluminais. Derramai sobre mim vossa graça e banhai o meu coração com o orvalho celestial; abri as fontes de devoção, que reguem a face da terra, para que produza frutos bons e perfeitos. Erguei meu espírito

abatido pelo peso dos pecados e dirigi meus desejos para as coisas do céu, para que, antegozando a doçura da suprema felicidade, me aborreça em pensar nas coisas da terra.

10. Desprendei-me e arrancai-me de toda transitória consolação das criaturas, porque nenhuma coisa criada pode consolar-me plenamente ou satisfazer meus desejos. Uni-me convosco pelo vínculo indissolúvel do amor, porque só vós bastais a quem vos ama, e sem vós tudo o mais é vaidade.

CAPÍTULO 24

COMO SE DEVE EVITAR A CURIOSA INQUIRIÇÃO DA VIDA ALHEIA

1. *Jesus*: Filho, não sejais curioso, nem te preocupes com cuidados inúteis. Que tens tu com isto ou aquilo? Segue-me, pois que te importa saber se fulano é assim ou assim ou se sicrano procede e fala deste ou daquele modo? Tu não és responsável pelos outros, mas de ti mesmo deves dar conta; por que, pois, te intrometes naquilo? Eu conheço a todos e vejo tudo que se faz debaixo do sol; sei como cada um procede, o que pensa e quer, e a que fim tende sua intenção. Deixa, pois, tudo ao meu cuidado, conserva-te em santa paz e deixa o inquieto agitar-se quanto quiser. Sobre ele recairá tudo o que fizer ou disser, porque não me pode enganar.

2. Não te preocupes da sombra dum grande nome, nem da familiaridade de muitos, nem de amizade particular dos homens, pois tudo isso gera distrações e grande perplexidade ao coração. Eu não duvidaria falar-te e descobrir-te os meus segredos, se atento esperasses minha chegada e me abrisses a porta de teu coração. Sê cauteloso, vigia na oração e humilha-te em todas as coisas.

CAPÍTULO 25

EM QUE CONSISTE A FIRME PAZ DO CORAÇÃO E O VERDADEIRO APROVEITAMENTO

1. *Jesus*: Filho, eu disse a meus discípulos: *Eu vos deixo a paz; eu vos dou a minha paz; não vo-la dou como a dá o mundo* (Jo 14,27). Todos desejam a paz, mas nem todos buscam as coisas que produzem a verdadeira paz. A minha paz está com os humildes e mansos de coração. Na muita paciência encontrarás a tua paz. Se me ouvires e seguires a minha voz, poderás gozar grande paz.

2. *A alma*: Que hei de fazer, pois, Senhor?

3. *Jesus*: Em tudo olha bem o que fazes e dizes, e dirige toda a tua intenção só para meu agrado, sem desejar ou buscar coisa alguma fora de mim. Não julgues temerariamente das palavras e obras dos outros, nem te intrometas em coisas que não te dizem respeito; desse modo poderá ser que pouco ou raras vezes te perturbes.

4. Nunca sentir, porém, inquietação, nem sofrer moléstia alguma do corpo ou do espírito, não é próprio da vida presente, senão do estado do eterno descanso. Não julgues, pois, ter achado a verdadeira paz, se não sentires nenhuma aflição; nem que tudo está bem, se não tiveres nenhum adversário, ou tudo perfeito, se tudo correr a teu gosto. Nem penses que és grande coisa ou singularmente amado por Deus, se sentes muita devoção e doçura, porque não são estes os sinais pelos quais se conhece o verdadeiro amante da virtude, nem consiste nisso o aproveitamento e a perfeição do homem.

5. *A alma*: Em que consiste, pois, Senhor?

6. *Jesus*: Em te ofereceres de todo o teu coração à divina vontade, sem buscares o teu próprio interesse em coisa

alguma, nem eterna; de sorte que com igualdade de ânimo dês graças a Deus na ventura e na desgraça, pesando tudo na mesma balança. Se fores tão forte e constante na esperança que, privado de toda consolação interior, disponhas teu coração para maiores provações, sem te justificares, como se não deveras sofrer tanto, e antes louvares a santidade e a justiça em todas as minhas disposições, então andarás no verdadeiro e reto caminho da paz e poderás ter certíssima esperança de contemplar novamente minha face com júbilo. E, se chegares ao perfeito desprezo de ti mesmo, fica sabendo que então gozarás da abundância da paz, no grau possível nesta peregrinação terrestre.

CAPÍTULO 26

EXCELÊNCIA DA LIBERDADE ESPIRITUAL À QUAL SE CHEGA ANTES PELA ORAÇÃO HUMILDE QUE PELA LEITURA

1. *A alma*: Senhor, é próprio do varão perfeito: nunca perder de vista as coisas celestiais e passar pelos mil cuidados, como que sem cuidado, não por indolência, mas por um privilégio duma alma livre, que não se apega, com desordenado afeto, a criatura alguma.

2. Peço-vos, ó meu benigníssimo Deus: preservai-me dos cuidados desta vida, para que não me embarace demasiadamente neles; das muitas necessidades do corpo, para que não me escravize a sensualidade; e de todas as perturbações da alma, para que não me desalente sob o peso das angústias. Não falo das coisas que a vaidade humana busca tão empenhadamente, mas das misérias que, pela maldição comum de todos os mortais, penosamente

oprimem a alma de vosso servo e a impedem de elevar-se à liberdade perfeita de espírito, sempre que o quiser.

3. Ó meu Deus, doçura inefável! Convertei-me em amargura toda consolação carnal, que me aparta do amor das coisas eternas e me fascina pelo encanto de um prazer momentâneo. Não me vença, Deus meu, não me vença a carne e o sangue; não me seduza o mundo, com sua glória passageira; não me faça cair o demônio, com sua astúcia. Dai-me força para resistir, paciência para sofrer, constância para perseverar. Dai-me, em lugar de todas as consolações do mundo, a suavíssima unção do vosso espírito e, em lugar do amor terrestre, infundi-me o amor de vosso nome!

4. O comer, o beber, o vestir e outras coisas necessárias ao corpo são um peso para a alma fervorosa. Concedei-me usar com moderação de tais lenitivos, sem me prender a eles com demasiado afeto. Não é lícito rejeitar tudo, pois devemos sustentar a natureza; mas buscar as coisas supérfluas e o que mais delicia, proíbe-o vossa santa lei, porque de outro modo a carne se rebelará contra o espírito. Entre esses dois extremos, Senhor, peço-vos que me dirija e governe vossa mão, para que não pratique algum excesso.

CAPÍTULO 27

COMO O AMOR-PRÓPRIO AFASTA NO MÁXIMO GRAU DO SUMO BEM

1. *Jesus*: Filho, cumpre que dês tudo por tudo, sem reservar-te a ti mesmo. Fica sabendo que teu amor-próprio te prejudica mais que qualquer coisa do mundo. Cada objeto mais ou menos te prende, segundo o amor e afeto que lhe tens. Se teu amor for puro, simples e bem ordenado, de

nenhuma coisa serás escravo. Não cobices o que não te é lícito possuir, nem possuas coisa alguma que te possa impedir a liberdade interior ou dela privar-te. É de estranhar que te não entregues a mim, do íntimo do teu coração, com tudo que possas ter ou desejar.

2. Por que te consomes em vã tristeza? Por que te afanas em cuidados supérfluos? Conforma-te com a minha vontade e nenhum dano sofrerás. Se buscares isto ou aquilo, se desejares estar aqui ou ali, por tua comodidade ou teu capricho, nunca estarás quieto, nem livre de cuidados, porque em todas as coisas há algum defeito, e em todo lugar, quem te contrarie.

3. De nada te serve, pois, adquirir ou acumular bens exteriores, mas muito te aproveita desprezá-los e desarraigá-los do coração. Isso não se entende somente do dinheiro e das riquezas, senão também da ambição das honras, e do desejo de vãos louvores porque tudo isso passa com o mundo. Pouco resguarda o lugar, se falta o espírito de fervor; nem durará muito tempo aquela paz procurada fora, se faltar ao teu coração o verdadeiro fundamento, isto é, se não se firmar em mim. Mudar tu podes, mas não melhorar, porque, chegada a ocasião, e aceitando-a, encontrarás de novo aquilo de que fugiste e pior ainda.

Oração para implorar a limpeza do coração e sabedoria celestial

4. Confirmai-me, Senhor, pela graça do Espírito Santo. Confortai em mim o homem interior e livrai meu coração de todo cuidado inútil e de toda ansiedade, para que não me deixe seduzir pelos vários desejos das coisas terrenas, sejam vis ou preciosas, mas para que as considere todas

como transitórias, e me lembre que eu mesmo sou passageiro, como elas, pois *nada há estável debaixo do sol, onde tudo é vaidade e aflição de espírito* (Ecl 1,14). Como é sábio quem assim pensa!

5. Dai-me, Senhor, sabedoria celestial, para que aprenda a buscar-vos e achar-vos, antes que tudo, a gostar-vos e amar--vos acima de tudo, e a compreender todas as coisas como são, segundo a ordem de vossa sabedoria. Dai-me prudência para afastar-me do lisonjeiro e paciência para suportar a quem me contraria, porque é grande sabedoria não se deixar mover por todo sopro de palavras, nem prestar ouvidos aos traiçoeiros encantos da sereia; pois só desse modo prossegue a alma com segurança no caminho começado.

CAPÍTULO 28

CONTRA AS LÍNGUAS MALDIZENTES

1. Filho, não te aflijas se alguém fizer de ti mau conceito ou disser coisas que não gostas de ouvir. Pior ainda deves julgar de ti mesmo e avaliar-te o mais imperfeito de todos. Se praticares a vida interior, pouco te importarás de palavras que voam. É grande prudência calar-se nas horas da tribulação, volver-se interiormente a mim e não se perturbar com os juízos humanos.

2. Não faças depender tua paz da boca dos homens; porque, quer julguem bem, quer mal de ti, não serás por isso homem diferente. Onde está a verdadeira paz e a glória verdadeira? Porventura não está em mim? Quem não procura agradar aos homens, nem teme desagradar-lhes, esse gozará grande paz. É do amor desordenado e do vão temor que nascem o desassossego do coração e a distração dos sentidos.

CAPÍTULO 29

COMO, DURANTE A TRIBULAÇÃO, DEVEMOS INVOCAR A DEUS E BENDIZÊ-LO

1. *A alma*: Senhor, bendito seja para sempre o vosso nome, pois quisestes que me sobreviesse esta tentação e este trabalho. Não lhes posso fugir, mas tenho necessidade de recorrer a vós para que me ajudeis e tudo convertais em meu proveito. Eis-me, Senhor, na tribulação, com o coração aflito; e quanto me atormenta o presente sofrimento. Pois que direi eu agora, Pai amantíssimo? Apertado estou entre angústias: *Salvai-me nesta hora. Veio sobre mim este transe, só para que vós fôsseis glorificado* (Jo 12,17), *quando eu estivesse muito abatido e fosse por vós livrado. Dignai-vos, Senhor, livrar-me* (Sl 39,14); pois, pobre de mim, que farei e aonde irei, sem vós? Dai-me, Senhor, paciência ainda por esta vez. Socorrei-me, Deus meu, e não temerei, por mais que seja atribulado.

2. E que direi em tamanha necessidade? Senhor, seja feita a vossa vontade. Bem mereço ser atribulado e angustiado. Convém-me sofrer, e oxalá seja com paciência, até que passe a tempestade e volte a bonança. Bastante poderosa é, entretanto, vossa mão onipotente para tirar-me esta tentação e moderar-lhe a violência, a fim de que não sucumba de todo; assim como já tantas vezes tendes feito comigo, ó meu Deus e minha misericórdia. E *quanto mais difícil para mim, tanto mais fácil para vós é esta mudança da destra do Altíssimo* (Sl 76,11).

CAPÍTULO 30

COMO SE HÁ DE PEDIR O AUXÍLIO DIVINO E CONFIAR PARA RECUPERAR A GRAÇA

1. *Jesus: Filho, eu sou o Senhor, que te conforta no dia da tribulação* (Na 1,7). Vem a mim quando te achares aflito. O que mais te impede de receber a consolação é que tarde recorres à oração. Antes que ores com atenção, procuras consolar-te, recreando-te com vários divertimentos exteriores. Daqui vem que pouco proveito tiras de tudo, até que conheças que sou eu quem salva do perigo os que em mim esperam, e que fora de mim não há auxílio valioso, nem conselho útil, nem remédio durável. Uma vez, porém, que recobraste alento depois da tempestade, procura readquirir forças à luz das minhas misericórdias; pois estou perto, diz o Senhor, para tudo restaurar, não só com integridade, mas também com abundância e profusão.

2. *Porventura há para mim alguma coisa dificultosa* (Jr 32,37), ou sou semelhante àquelas que dizem e não fazem? Onde está a tua fé? Tem firmeza e segurança! Mostra-te corajoso e magnânimo, e a seu tempo te virá a consolação. Espera por mim, espera! Eu virei e te curarei. É tentação o que te atormenta, é temor vão o que te assusta. Que ganhas com a solicitude de um futuro contingente, senão que tenhas tristeza sobre tristeza? *A cada dia basta seu fardo* (Mt 6,34). Coisa vã e inútil é entristecer-se ou regozijar-se com as coisas futuras, que talvez nunca venham a realizar-se.

3. É próprio do homem deixar-se iludir por tais imaginações, mas é sinal de pouco ânimo ceder tão facilmente às sugestões do inimigo. A ele pouco importa se é por meios verdadeiros ou falsos que te seduz e engana, se é

com o amor dos bens presentes, ou com o temor dos males futuros que te deita a perder. *Não se perturbe, pois, teu coração, nem se amedronte* (Jo 14,27). Crê em mim e tem confiança em minha misericórdia. Quando te julgas muito longe de mim, mais perto estou, às vezes, de ti. Quando pensas que está tudo quase perdido, muitas vezes está próxima a ocasião de granjeares maior merecimento. Nem tudo está perdido, por te acontecer alguma contrariedade. Não julgues pela impressão do momento, nem te aflijas com qualquer tribulação, venha donde vier, como se não houvesse esperança de remédio.

4. Não te julgues inteiramente desamparado, ainda quando, de tempos a tempos, te mando alguma tribulação ou te privo de alguma consolação desejada; porque é este o caminho por onde se vai ao Reino dos Céus. E isto, sem dúvida, convém mais a ti e a todos os meus servos, serdes exercitados nas adversidades, do que se tudo vos sucedesse à vossa vontade. Eu conheço os pensamentos escondidos e sei que muito importa à tua salvação seres, às vezes, privado de toda consolação espiritual, para que não te exalte o bom progresso e te desvaneças do que não és. O que dei posso tirar, e dar de novo, quando me aprouver.

5. É sempre meu o que dou e quando o tiro; não tomo coisa tua, pois *de mim procede qualquer dádiva boa de todo dom perfeito* (Tg 1,17). Se eu te enviar qualquer pena ou contrariedade, não te revoltes nem desfaleça teu coração; eu posso num momento aliviar-te e transformar tua mágoa em alegria. Todavia, procedendo eu assim para contigo, sou justo e digno de louvor.

6. Se refletires bem e julgares as coisas segundo a verdade, não deves afligir-te tanto com a adversidade, nem desanimar, mas, ao contrário, alegrar-te e dar-me graças.

Até deve ser tua única alegria que eu te aflija com dores, sem poupar-te. *Assim como meu Pai me amou, também eu vos amo a vós* (Jo 15,19), disse eu a meus diletos discípulos, e, entretanto, não os enviei às delícias temporais, mas às grandes pelejas; não às honras, mas aos desprezos; não aos passatempos, mas aos trabalhos; não a descansar, mas sim a produzir fruto copioso na paciência. Meu filho, lembra-te bem destas palavras.

CAPÍTULO 31

DO DESPREZO DE TODA CRIATURA, PARA QUE SE POSSA ACHAR O CRIADOR

1. *A alma*: Senhor, muita graça ainda me é necessária para chegar a tal ponto, que nenhum homem nem criatura alguma me possa estorvar, pois, enquanto me detém alguma coisa, não posso voar a vós livremente. Aspirava a essa liberdade o profeta, quando dizia: *Quem me dera asas como a pomba, para poder voar e descansar!* (Sl 54,7). Que há de mais sereno que o olhar singelo, e quem é mais livre que o homem sem desejo terrestre? Por isso, importa elevares-te acima de todas as criaturas e renunciares totalmente a ti mesmo, e naquele arroubo da alma perseverares e compreenderes que o Autor de todas as coisas não tem semelhança com as criaturas. E quem não estiver desprendido das criaturas não poderá livremente atender às coisas divinas, e por essa razão se encontram tão poucos contemplativos, porque raros são os que sabem desapegar-se de todo das coisas perecedoras.

2. Para isso é mister graça poderosa, que levante a alma e a arrebate acima de si mesma. Enquanto o homem

não for elevado em espírito, livre de todas as criaturas e de todo unido a Deus, pouco vale quanto sabe e quanto possui. Imperfeito permanecerá por muito tempo e preso à terra quem algo estimar que não seja o único, imenso e eterno Bem. Porque tudo que não é Deus é nulo, e deve ser tido em conta de nada. Há grande diferença entre a sabedoria de um homem iluminado e devoto e a ciência de um letrado e estudioso. Muito mais nobre é a doutrina que vem do céu, por inspiração divina, do que aquilo que o engenho humano adquire à custa de muito esforço.

3. Muitos há que desejam a vida contemplativa, mas não tratam de exercitar-se nas coisas que ela exige. O grande obstáculo é que se detêm nos sinais e coisas sensíveis, cuidando pouco da perfeita mortificação. Não sei o que é, nem que espírito nos move, nem que pretendemos nós que passamos por homens espirituais quando empregamos tanto trabalho e cuidado nas coisas vis e transitórias, ao passo que raras vezes nos recolhemos plenamente a considerar nosso interior.

4. Ai que, depois de curto recolhimento, logo nos dissipamos, sem ponderar nossas ações em rigoroso exame. Não reparamos para onde se inclinam nossos afetos, nem deploramos quão defeituoso é tudo em nós. *Por ter corrompido toda a carne o seu caminho* (Gn 6,12), veio o grande dilúvio. Estando, pois, corrompido o nosso afeto interior, forçosamente se há de corromper a ação que dele se segue, patenteando bem a fraqueza interior. Só do coração puro procede o fruto de boa vida.

5. Muitos indagam quanto fez uma pessoa, mas de quanta virtude foi animada nem tanto se cura. Com diligência investigam se alguém é forte, rico, formoso, hábil, bom escritor, bom cantor, bom artista, mas quão pobre

seja de espírito, quão paciente e manso, quão piedoso e espiritual, disso não se faz caso. A natureza só considera o exterior do homem, mas a graça olha o interior. Aquela muitas vezes se engana, esta espera em Deus, para não ser iludida.

CAPÍTULO 32

DA ABNEGAÇÃO DE SI MESMO E ABDICAÇÃO DE TODA COBIÇA

1. *Jesus*: Filho, não podes gozar perfeita liberdade, enquanto não renunciares inteiramente a ti mesmo. Em escravidão vivem todos os ricos e egoístas, os cobiçosos, curiosos, que gostam de vaguear, buscando sempre as delícias dos sentidos, e não as de Jesus Cristo, mas só imaginam o que não pode permanecer e só disso cogitam, pois tudo que não vem de Deus perecerá. Conserva em teu coração esta breve e profunda sentença: Deixa tudo, e tudo acharás; renuncia à cobiça, e terás sossego. Pondera isto, e, quando o praticares, tudo entenderás.

2. *A alma*: Senhor, isto não é obra de um dia, nem brincadeira de criança, antes nesta breve palavra se compendia toda a perfeição religiosa.

3. *Jesus*: Filho, não deves recear, nem logo desanimar, ouvindo falar do caminho dos perfeitos, mas antes esforça-te por um estado mais perfeito, ou pelo menos almeja-o ardentemente. Oxalá fosses assim e tivesses chegado a tanto, que não te amasses a ti mesmo, mas estivesses inteiramente resignado à minha vontade e à daquele que te dei por diretor. Muito me agradarias, então, e toda a tua vida passaria em paz e alegria. Ainda tens que desprender-te de muitas coisas, e se não mas entregares in-

teiramente, não alcançarás o que me pedes. *Aconselho-te que me compres o ouro acrisolado, para te tornares rico* (Ap 3,18), isto é, a sabedoria celestial, que pisa aos pés todas as coisas terrenas. Despreza a sabedoria terrena, todo o humano contentamento e a própria complacência.

4. Eu disse que deves buscar, em lugar das coisas nobres e preciosas, aquilo que, aos olhos do mundo, é vil e desprezível. Porque mui vil e desprezível, até quase esquecida, parece a verdadeira e celestial sabedoria, que não se tem em grande conta, nem trata de se engrandecer na terra. Muitos a louvam com a boca, mas afastam-se dela na vida; contudo, é esta a pérola preciosa, conhecida de poucos.

CAPÍTULO 33

DA INSTABILIDADE DO CORAÇÃO E QUE A INTENÇÃO FINAL SE HÁ DE DIRIGIR A DEUS

1. *Jesus*: Filho, não te fies nos teus afetos atuais, que depressa em outros se mudarão. Enquanto viveres, estarás sujeito ao variável, ainda que não queiras; ora te acharás alegre, ora triste, ora sossegado, ora perturbado, umas vezes fervoroso, outras tíbio, já diligente, já preguiçoso, agora sério, logo leviano. O sábio, porém, e instruído na vida espiritual, está acima desta inconstância, não cuidando dos seus sentimentos, nem de que parte sopra o vento da instabilidade, mas concentrando todo o esforço de sua alma no devido e almejado fim. Porque assim poderá permanecer sempre o mesmo e inabalável, dirigindo a mim, sem cessar, a mira de sua intenção, entre todas as vicissitudes que lhe sobrevierem.

2. Quanto mais pura for tua intenção, porém, tanto mais constante serás durante as diversas tempestades. Mas em muitos se escurece o olhar da pura intenção, porque depressa o volvem para qualquer objeto deleitável que se lhes depare. Poucos há inteiramente livres da pecha do egoísmo. Assim, os judeus foram um dia a Betânia, em casa de Maria e Marta, não só por amor de Jesus, mas também para verem Lázaro (Jo 12,9). Cumpre, pois, purificar a intenção, para que seja simples e reta e se dirija a mim acima de tudo que há de permeio.

CAPÍTULO 34

COMO DEUS É DELICIOSO EM TUDO E SOBRETUDO A QUEM O AMA

1. *A alma*: Vós sois meu Deus e meu tudo! Que mais quero eu e que dita maior posso desejar? Ó palavra suave e deliciosa, mas só para quem ama a Deus, e não o mundo nem as suas coisas. Meu Deus e meu tudo! Para quem a entende basta essa palavra, e quem ama acha delícia em repeti-la amiúde, porque, quando estais presente, tudo é aprazível, mas, se vos ausentais, tudo enfastia. Vós dais ao coração sossego, grande paz e jubilosa alegria. Vós fazeis que julguemos bem de todos e em tudo vos bendigamos; nem pode, sem vós, coisa alguma agradar-nos por muito tempo, mas, para ser agradável e saborosa, é necessário que lhe assista a vossa graça e a tempere o condimento da vossa sabedoria.

2. A quem saboreia vossa doçura, que coisa não lhe saberá bem? Mas a quem em vós não se deleita, que coisa lhe poderá ser gostosa? Diante da vossa sabedoria desaparecem

os sábios do mundo e os amadores da carne, porque nos primeiros se acha muita vaidade, nos últimos, a morte; os que, porém, vos seguem pelo desprezo do mundo e pela mortificação da carne, esses são verdadeiramente sábios, porque trocam a vaidade pela verdade e a carne pelo espírito. Esses acham gosto nas coisas de Deus e tudo quanto se acha de bom nas criaturas referem-no à glória do seu Criador. Diferente, porém, e mui diferente, é o gosto que se encontra em Deus e na criatura, na eternidade e no tempo, na luz incriada e na luz criada.

3. Ó luz eterna, superior a toda luz criada, lançai do alto um raio que penetre todo o íntimo do meu coração. Purificai, alegrai, iluminai e vivificai a minha alma com todas as suas potências, para que a vós se una em transportes de alegria. Oh, quando virá aquela ditosa e almejada hora, em que haveis de saciar-me com a vossa presença, e ser-me tudo em todas as coisas? Enquanto isso não me for concedido, minha alegria não será perfeita. Mas ai que ainda vive em mim o homem velho, não de todo crucificado nem inteiramente morto. Ainda se revolta fortemente contra o espírito e move guerras interiores; nem consente em que reine tranquilidade na alma.

4. Mas vós, que dominais a impetuosidade do mar e aplacais o furor das ondas, levantai-vos e socorrei-me! Dissipai os poderes que procuram guerras, esmagai-os com o vosso braço (Sl 88,10; 43,26; 67,31). Manifestai, Senhor, as vossas maravilhas, e seja glorificada a vossa destra (Eclo 36,7; Jt 9,11), pois não tenho outro refúgio senão em vós, meu Senhor e meu Deus!

CAPÍTULO 35

COMO NESTA VIDA NÃO HÁ SEGURANÇA CONTRA A TENTAÇÃO

1. *Jesus:* Filho, nunca estarás seguro nesta vida, mas, enquanto viveres, terás necessidade de armas espirituais. Andas cercado de inimigos, que à direita e à esquerda te acometem. Logo, se não te armares por todos os lados com o escudo da paciência, não estarás por muito tempo sem ferida. Demais, se não firmares em mim teu coração, com sincera vontade de sofrer tudo por meu amor, não poderás suportar tão renhido combate, nem alcançar a palma dos bem-aventurados. Cumpre, pois, caminhar com ânimo varonil por entre todos os obstáculos e rebater com a mão poderosa todos os empecilhos, pois *ao vencedor será dado o maná* (Ap 2,17), e ao covarde aguarda muita miséria.

2. Se buscas descanso nesta vida, como chegarás ao descanso eterno? Não procures muito descanso, mas muita paciência. Busca a paz verdadeira do céu, não sobre a terra, não nos homens, nem nas demais criaturas, mas só em Deus. Deves, por amor de Deus, aceitar tudo de boa vontade, isto é, trabalhos e sofrimentos, tentações, vexames, ansiedades, doenças, injúrias, murmurações, repreensões, humilhações, afrontas, correções e desprezos. Tudo isto faz progredir na virtude, prova o novo soldado de Cristo e prepara a coroa celestial. Eu darei prêmio eterno por breve trabalho, e glória infinita por humilhação transitória.

3. Julgas que sempre há de ter consolações espirituais à medida de teus desejos? Nem sempre as tiveram os meus santos, passando ao contrário por muitas penas, várias tentações e grandes angústias, mas eles suportaram tudo

com paciência, mais confiados em Deus que em si, porque sabiam *que não têm proporção os sofrimentos desta vida com a futura glória* que os recompensa (Rm 8,18). Quereis obter logo o que tantos apenas conseguiram só depois de copiosas lágrimas e grandes trabalhos? Espera no Senhor, age varonilmente, e sê firme (Sl 26,14); não desanimes, não recues, mas expõe generosamente corpo e alma pela glória de Deus. Eu te recompensarei plenamente e estarei contigo em toda tribulação (Sl 90,15).

CAPÍTULO 36

CONTRA OS JUÍZOS DOS HOMENS

1. Jesus: Filho, põe tua confiança em Deus e não temas os juízos humanos, enquanto tua consciência te der testemunho da tua piedade e inocência. É bom e salutar sofrer desse modo, nem isso será penoso ao coração humilde, que confia mais em Deus que em si mesmo. Muitos falam com demasia e, por isso, não se lhes deve dar muito crédito. Mas também não é possível satisfazer a todos. Ainda que Paulo se empenhasse por agradar a todos no Senhor, fazendo-se tudo para todos (1Cor 9,22), contudo, fez pouco caso de ser julgado no tribunal dos homens (1Cor 4,3).

2. Fez todo o possível para a edificação e salvação dos outros, quanto dele dependia; contudo, não pôde evitar ser julgado e desprezado por alguns; por isso, pôs tudo nas mãos de Deus, que tudo conhecia, e defendeu-se com paciência e humildade contra as línguas maldizentes dos que inventavam maldades e mentiras e as espalhavam a seu bel-prazer. Todavia, uma vez ou outra, dava resposta, para que seu silêncio não fosse a causa de se escandalizarem os fracos.

3. *Quem és tu, que temes um homem mortal?* (Is 51,12). Hoje existe e amanhã já não aparece. Teme a Deus, e não temerás as ameaças dos homens. Que mal te pode fazer um homem com palavras e afrontas? Mais se prejudica a si mesmo do que a ti, e, seja quem for, não poderá escapar ao juízo de Deus. Põe os olhos em Deus, e não contendas com palavras de queixa. Se agora pareces sucumbir e padecer injúria não merecida, não fiques contrariado nem diminuas a tua coroa com a impaciência, mas antes levanta os olhos ao céu, para mim, que poderoso sou, para te livrar de toda confusão e injúria e dar a cada um conforme suas obras.

CAPÍTULO 37

DA PURA E COMPLETA RENÚNCIA DE SI MESMO PARA OBTER LIBERDADE DE CORAÇÃO

1. *Jesus*: Filho, deixa-te a ti, e achar-me-ás a mim. Despe tua vontade e teu amor-próprio, e sempre tirarás lucro. Porque, logo que te entregares a mim sem reservas, se te acrescentará a graça.

A alma: Senhor, em que devo renunciar-me, e quantas vezes?

Jesus: Sempre e a toda hora, tanto no muito como no pouco. Nada excetuo, mas quero te achar despojado de tudo. De outra sorte, como poderás ser meu e eu teu, se não estiveres, exterior e interiormente, desapegado de toda vontade própria? Quanto mais prontamente isso fizeres, tanto melhor te acharás, e quanto mais pleno e sincero for teu sacrifício, tanto mais me agradarás e maior lucro terás.

2. Alguns há que se entregam a mim, mas com alguma reserva, porque não têm plena confiança em Deus, e por isso tratam de prover as próprias necessidades. Outros, a princípio, tudo oferecem, mas depois, combatidos pela tentação, volvem-se novamente às próprias comodidades, e eis por que quase não progridem nas virtudes. Esses nunca chegarão à verdadeira liberdade do coração puro, nem à graça de minha doce familiaridade, enquanto não renunciarem de todo a si mesmos, oferecendo-se em cotidiano sacrifício a Deus, sem o que não há nem pode haver união deliciosa comigo.

3. Muitas vezes te disse e agora te torno a dizer: deixa-te, renuncia a ti mesmo, e gozarás grande paz interior. Dá tudo por tudo, não busques, não reclames coisa alguma, persevera, pura e simplesmente, em mim, e me possuirás. Terás livre o coração e as trevas não te poderão oprimir. A isto te aplica, isto pede, isto deseja: ser despojado de todo amor-próprio, para que possas seguir nu a Jesus desnudado, morrer a ti mesmo e viver eternamente. Então, se dissiparão todas as vãs imaginações, penosas perturbações e supérfluos cuidados. Logo também desaparecerá o temor demasiado e morrerá o amor desordenado.

CAPÍTULO 38

DO BOM PROCEDIMENTO EXTERIOR E DO RECURSO A DEUS NOS PERIGOS

1. *Jesus*: Filho, nisto deves empenhar toda a diligência, que em todo lugar, ação ou ocupação exterior estejas interiormente livre e senhor de ti mesmo, dominando todas as coisas, a nenhuma sujeito. Deves ser o senhor e diretor

de tuas ações, e não servo ou escravo; cumpre, sejas livre e verdadeiro israelita, que chega à condição de liberdade dos filhos de Deus. Esses elevam-se acima das coisas presentes e contemplam as eternas; só de relance olham para as coisas transitórias, e têm a vista presa nas celestiais. Não se deixam atrair e prender pelas coisas temporais, mas servem-se delas conforme o fim para que foram ordenadas por Deus e destinadas pelo supremo Artífice, que nada deixou sem ordem nas suas criaturas.

2. Se, além disso, em qualquer acontecimento, não te demorares na aparência exterior, nem considerares com os olhos carnais o que vês e ouves, mas em qualquer negócio entrares logo com Moisés no tabernáculo e consultar o Senhor, ouvirás, às vezes, a sua divina resposta, e sairás instruído a respeito de muitas coisas presentes e futuras. Sempre recorria Moisés ao tabernáculo para resolver suas dúvidas e dificuldades, valia-se da oração para triunfar dos perigos e das maldades dos homens. Do mesmo modo deves tu te refugiar no mais recôndito do teu coração, para, com mais instância, implorar o divino auxílio. Por isso – como está escrito –, Josué e os filhos de Israel foram enganados pelos gabaonitas, "porque não consultaram primeiro ao Senhor", mas, dando crédito demasiado às suas doces palavras, deixaram-se enganar por fingida piedade.

CAPÍTULO 39

QUE O HOMEM NÃO SEJA IMPACIENTE NOS SEUS NEGÓCIOS

1. *Jesus*: Filho, confia-me sempre teus negócios, eu disporei tudo bem a seu tempo. Espera minha determinação e disso tirarás proveito.

A alma: Senhor, de mui boa vontade vos confio todas as coisas, porque pouco adianta o meu cuidado. Oxalá não me perturbasse com os conhecimentos futuros, mas me oferecesse sem demora ao vosso beneplácito!

2. *Jesus*: Filho, muitas vezes procura o homem com ânsia uma coisa que deseja; logo, porém, que a alcança, muda de parecer, porque as afeições não persistem muito ao mesmo objeto, mas facilmente passam de um para outro. Pelo que, não é pouco renunciar-se o homem a si mesmo, ainda nas coisas pequenas.

3. O verdadeiro progresso do homem consiste na abnegação de si mesmo, e quem assim se abnegou, goza grande liberdade e segurança. Contudo, o antigo inimigo, o adversário de todo o bem, não desiste da tentação, armando dia e noite perigosas ciladas, para ver se pode precipitar algum incauto no laço do seu engano. *Vigiai e orai*, diz o Senhor, *para que não entreis em tentação* (Mt 26,41).

CAPÍTULO 40

QUE O HOMEM POR SI MESMO NADA TEM DE BOM E DE NADA SE PODE GLORIAR

1. *A alma*: Senhor, que é o homem, para *que vos lembreis dele, ou o filho do homem, para que o visiteis*? (Sl 8,5). Por onde mereceu o homem que lhe deis a vossa graça? Como me posso queixar, se me desamparais, ou que posso justamente opor, se não me concedeis o que peço? Decerto, com verdade posso pensar e dizer: Senhor, nada sou, nada posso, nada de bom tenho de mim mesmo, mas falta-me tudo, e sempre pendo para o nada. E se vós não me ajudais e ensinais, fico de todo tíbio e relaxado.

2. Vós, porém, Senhor, sempre sois o mesmo e permaneceis eternamente bom, justo e santo, e boas são vossas obras todas, e justas e santas, e dispondes tudo com sabedoria. Mas eu, que sou mais inclinado à negligência que ao aproveitamento espiritual, não sei conservar-me no mesmo estado, porque mudo sete vezes por dia. Mas logo me vai melhor, quando vos apraz estender-me a mão para me socorrer; porque só vós, sem auxílio humano, me podeis ajudar e dar-me firmeza, de tal modo que jamais se mude meu rosto, mas só a vós se converta meu coração e em vós descanse.

3. Por isso, se eu soubesse rejeitar toda humana consolação, fosse por adquirir a devoção, fosse pela necessidade que me obriga a buscar-vos, então poderia com razão esperar a vossa graça e alegrar-me com o favor de uma nova consolação.

4. Graças vos sejam dadas, Senhor, porque de vós procede todo o bem que me sucede. Mas eu sou vaidade e nada, diante de vós, sou homem frágil e inconstante. De que posso, pois, gloriar-me, ou por que desejo ser estimado? Porventura do meu nada? Isso seria o cúmulo da vaidade. Verdadeiramente a vanglória é peste maligna e a pior das vaidades, porque nos aparta da glória verdadeira e nos priva da graça celestial. Porquanto, desde que o homem agrada a si, desagrada a vós, e quando aspira aos humanos louvores, perde as verdadeiras virtudes.

5. Glória verdadeira, porém, e alegria santa é gloriar-se cada um em vós, e não em si, deleitar-se em vosso nome, e não na sua própria virtude, não achar deleite em criatura alguma, senão por amor de vós. Seja louvado o vosso nome, e não o meu; sejam glorificadas vossas obras, e não as minhas; exaltado seja o vosso santo nome, e a mim nada se atribua dos louvores humanos. Vós sois minha glória e a

alegria do meu coração. Em vós me gloriarei e exaltarei todo dia, mas, quanto à minha pessoa, de nada me ufano, a não ser das minhas fraquezas (2Cor 12,5).

6. Busquem os judeus a glória uns dos outros, eu busco aquela que vem só de Deus (Jo 5,44). Pois toda glória humana, toda glória temporal e toda grandeza mundana, comparada com a vossa eterna glória, não passa de vaidade e loucura. Ó verdade e misericórdia minha, Deus meu, Trindade bem-aventurada! A vós só seja dado louvor, honra, virtude e glória por todos os séculos.

CAPÍTULO 41

DO DESPREZO DE TODA HONRA TEMPORAL

1. *Jesus*: Filho, não te entristeças por veres os outros honrados e exaltados, ao passo que tu és desprezado e humilhado. Ergue a mim o teu coração até o céu e não te entristecerá o desprezo humano na terra.

A alma: Senhor, vivemos na cegueira e facilmente nos engana a vaidade. Se bem me examino, nunca recebi injúria de criatura alguma; não tenho, pois, motivo de justa queixa contra vós.

2. Mas, porque cometi tantos pecados, e tão graves, contra vós, é justo que contra mim se armem todas as criaturas. A mim, pois, com muita razão, cabe confusão e desprezo, a vós, porém, louvor, honra e glória. E enquanto não estiver disposto a querer de bom grado ser desprezado e abandonado de todas as criaturas, e ser tido absolutamente em nada, não haverá em mim paz e tranquilidade interior, nem serei espiritualmente iluminado, nem perfeitamente unido a vós.

CAPÍTULO 42

COMO NÃO SE DEVE PROCURAR A PAZ NOS HOMENS

1. *Jesus*: Filho, se puseres tua paz em alguma pessoa, por conviver contigo e ser de teu parecer, achar-te-ás inconstante e embaraçado. Mas, se recorreres à verdade sempre viva e permanente, não te entristecerás pela ausência e morte de um amigo. Em mim se há de fundar o amor do amigo, e por mim se há de amar todo aquele que nesta vida te parecer bom e amável. Sem mim não vale nada, nem durará a amizade; nem é puro e verdadeiro o amor cujos laços eu não tenha dado. De tal modo deves estar morto para semelhantes afeições dos amigos que, quanto depender de ti, desejes viver sem relações humanas. Quanto mais se chegar o homem para Deus, tanto mais se afastará de todo alívio terreno. E tanto mais alto sobe para Deus, quanto mais baixo desce na sua estimação e mais vil se reputa.

2. Mas quem a si mesmo se atribui algum bem impede que a graça venha à sua alma; porque a graça do Espírito Santo sempre busca o coração humilde. Se te souberas perfeitamente aniquilar e desprender de todo amor criado, então viria a ti com a abundância de minhas graças. Quando olhas para as criaturas, perdes a contemplação do Criador. Aprende a vencer-te em tudo por teu Criador, e então poderás chegar ao conhecimento divino. Qualquer coisa, por pequena que seja, se a amas e aprecias desordenadamente, mancha a alma e te separa do sumo bem.

CAPÍTULO 43

CONTRA A VÃ CIÊNCIA DO SÉCULO

1. *Jesus*: Não te deixes cativar pela elegância e sutileza dos dizeres humanos, porque *o Reino de Deus não consiste em palavras, mas na virtude* (1Cor 2,4). Atende às minhas palavras, que inflamam o coração, iluminam o espírito, levam à compunção e produzem muitas consolações. Nunca leias minha palavra com o fim de pareceres mais douto ou sábio. Aplica-te a mortificar teus vícios, porque isso te traz mais proveito que o conhecimento das mais difíceis questões.

2. Por muito que estudes e aprendas, terás que referir tudo sempre ao *único princípio*. Sou eu que ensino ao homem a ciência e dou aos pequeninos mais clara compreensão do que os homens são capazes de ensinar. Aquele a quem eu ensinar, depressa será sábio e muito aproveitará espiritualmente. Ai daqueles que indagam dos homens muitas coisas curiosas, e tratam pouco dos meios de me servir. Tempo virá em que aparecerá o Mestre dos mestres, Cristo, Senhor dos anjos, para tomar lições de todos, isto é, para examinar a consciência de cada um. E com a lâmpada na mão perscrutará então Jerusalém e revelará o segredo das trevas, fazendo calar as objeções das línguas humanas.

3. Eu sou o que levanta num instante o espírito humilde, de maneira que compreenda melhor as razões das verdades eternas, do que se houvera estudado dez anos na escola. Eu ensino sem ruído de palavras, sem confusão de opiniões, sem espalhafato, sem contenda de argumentos. Eu sou o que ensina a desprezar as coisas terrenas, a aborrecer as coisas presentes, a buscar e apreciar as eternas, a fugir às honras, a sofrer as injúrias, a pôr em mim toda esperança, a não desejar coisa alguma fora de mim e a amar só a mim, com todo fervor, acima de tudo.

4. Alguns, amando-me inteiramente, aprenderam com isso coisas divinas e falavam coisas maravilhosas. Mais aproveitaram em deixar tudo, do que em estudar questões sutis. A uns, porém, falo coisas comuns, a outros, mais particulares; a alguns revelo-me docemente em sinais e figuras, a outros descubro os meus mistérios com muita luz. A mesma voz fala em todos os livros, mas não ensina a todos da mesma maneira; pois eu sou o que interiormente ensina a verdade, perscruta o coração, penetra os pensamentos, inspira as ações, distribuindo a cada um segundo me apraz.

CAPÍTULO 44

QUE SE NÃO DEVEM TOMAR A PEITO AS COISAS EXTERIORES

1. *Jesus*: Filho, convém fazeres-te ignorante em muitas coisas, e reputares-te como que morto sobre a terra, para que todo o mundo te esteja crucificado. Importa também que te faças surdo a muitas coisas, cuidando antes do que serve à tua paz. Mais útil é desviares os olhos do que não te agrada e deixares a cada um seu parecer, do que entrares em discussões. Se estiveres bem com Deus e considerares seus juízos, não te será custoso dares-te por vencido.

2. *A alma*: Ah, Senhor, a que chegamos? Eis que choramos uma perda temporal, trabalhamos e corremos para ganhar mesquinho lucro, mas do dano espiritual nos esquecemos e mal nos lembramos, ou tarde. Olha-se muito pelo que pouco ou nada vale, e não se faz caso do que é sumamente necessário, porque o homem inteiramente se entrega às coisas exteriores e, se prontamente não se recolher, nela descansa com prazer.

CAPÍTULO 45

QUE SE NÃO DEVE DAR CRÉDITO A TODOS, E QUÃO FACILMENTE FALTAMOS NAS PALAVRAS

1. *Socorrei-nos, Senhor, na tribulação, porque é vão o auxílio humano* (Sl 59,3). Oh, quantas vezes procurei em vão fidelidade, onde cuidava que a havia! Ah, quantas vezes a encontrei onde menos a esperava! Vã é, pois, a esperança que se põe nos homens; em vós, meu Deus, está a salvação dos justos. Bendito sejais, Senhor meu Deus, em tudo que nos sucede. Nós somos fracos e inconstantes, facilmente nos enganamos e mudamos.

2. Que haverá tão cauteloso e vigilante em todas as coisas, que alguma vez não caia em perturbação ou engano? Mas aquele que em vós, Senhor, confia, e vos procura de coração sincero, não cai tão facilmente. E se vier a cair em alguma tribulação, de qualquer sorte que esteja embaraçado nela, prontamente será por vós libertado ou consolado, porquanto não desamparais para sempre a quem em vós espera. Raro é o amigo fiel que persevera em todas as tribulações de seu amigo. Vós, Senhor, vós sois o único amigo fidelíssimo e não se acha outro igual.

3. Oh, bem o soube aquela alma santa[2] que disse: "Meu coração está firmado e fundado em Cristo!". Se assim fora comigo, não me perturbaria tão facilmente o temor humano, nem me abalariam as flechas das más palavras. Quem pode prever tudo e precaver-se contra os males futuros? Se os males previstos já ferem tanto, quanto mais os imprevistos causarão feridas dolorosas! Mas por que motivo, sendo eu tão miserável, não me

---

2 Santa Águeda.

acautelei melhor? Por que tão facilmente dei crédito aos outros? Entretanto, somos homens e nada mais que homens fracos, ainda que muitos se julguem e chamem anjos. A quem hei de crer, Senhor? A quem senão a vós? Vós sois a verdade que não engana nem pode ser enganada. Ao passo que está escrito: *Todo homem é mentiroso* (Sl 115,2), fraco, inconstante, inclinado a pecar, mormente em palavras, de sorte que mal se deve logo acreditar o que, à primeira vista, parece verdadeiro.

4. Quão prudentemente nos aconselhastes que nos acautelássemos dos homens, e nos dissestes que *os inimigos do homem são os que com ele moram* (Mt 10,36), que não devemos dar crédito se alguém nos disser: *Aqui está Cristo!* ou *Está acolá!* À minha custa aprendi essa verdade, e queira Deus que me sirva de maior cautela, e não para dar provas de maior insensatez! Toma cuidado, diz-me alguém, e guarda para ti o que te digo. E enquanto me calo e guardo segredo, não pode guardar silêncio aquele que me pediu segredo, senão logo descobre a si e a mim e lá se vai. De homens tais, palradores e desacautelados, livrai-me, Senhor, para que não caia em suas mãos nem cometa semelhantes faltas. Ponde em minha boca palavras sérias e sinceras, e apartai de mim o embuste da língua. A todo custo devo evitar o que não quero aturar dos outros.

5. Oh, como é bom, para viver em paz, calar dos outros, não crer tudo indiferentemente, nem o repetir logo a outrem; abrir-se a poucos e buscar sempre a vós, o perscrutador do coração; não se mover com qualquer sopro de palavra, mas desejar que todas as coisas exteriores e interiores se façam conforme o beneplácito da vossa vontade. Que meio seguro para conservar a divina graça, fugir do que cai na vista dos homens e não desejar o que possa

granjear-nos a admiração dos homens, antes procurar, com toda solicitude, o que serve para emenda da vida e fervor da alma! A quantos prejudicou a virtude divulgada e prematura mente elogiada! Quanto proveito, porém, traz conservar a graça do silêncio durante esta vida tão frágil, que não é mais que contínua tentação e peleja!

CAPÍTULO 46

DA CONFIANÇA QUE HAVEMOS DE TER EM DEUS QUANDO SE NOS DIZEM PALAVRAS AFRONTOSAS

1. *Jesus*: Filho, conserva-te firme e espera em mim, pois palavras são palavras; ferem os ares, mas não quebram a pedra. Se és culpado, trata logo de emendar-te; se a consciência de nada te acusa, faz o propósito de sofrer isso de boa vontade, por amor de Deus. Não é muito sofreres, às vezes, más palavras, já que me não podes ainda suportar mais pesados golpes. E por que razão te ferem tão leves coisas senão porque és ainda carnal e fazes ainda mais caso dos homens do que convém? Temes ser desprezado, e por isso não queres ser repreendido de tuas faltas e procuras defender-te com desculpas.

2. Mas examina-te melhor e verás que vive ainda em ti o mundo e o vão desejo de agradar aos homens. Pois, já que foges de ser abatido e confundido por causa dos teus defeitos, mostras claramente que não és verdadeiramente humilde, nem inteiramente morto ao mundo, e que o mundo não está de todo crucificado para ti (Gl 6,14). Mas ouve a minha palavra e não farás caso de dez mil palavras humanas. Mesmo que dissessem contra ti quanto pode

inventar a mais negra malícia, que mal te faria se o deixasses passar, não fazendo mais caso daquilo que duma palha? Porventura poderia arrancar-te um só cabelo?

3. Mas quem não domina o coração, nem tem a Deus diante dos olhos, facilmente fica aborrecido com uma palavra de repreensão. Aquele, porém, que confia em mim, e não se aferra à sua própria opinião, viverá sem temor dos homens. Eu sou o juiz e conheço todos os segredos, sei como se passou tudo, quem fez a injúria e quem a sofre. De mim saiu esta palavra, por minha permissão te sucedeu isso, *para que fossem revelados os pensamentos de muitos corações* (Lc 2,35). Julgarei o culpado e o inocente: primeiro, porém, quis provar ambos por oculto juízo.

4. Engana, muitas vezes, o testemunho dos homens; meu juízo é verdadeiro e não será revogado. As mais das vezes é oculto e poucos lhe conhecem todas as particularidades, mas nunca erra, nem pode errar, posto que pareça menos reto aos olhos dos néscios. A mim, pois, deves recorrer em todo juízo e não te ater ao teu próprio parecer, pois o justo não se perturbará, seja o que for que lhe suceda, por permissão de Deus. Não se afligirá com as palavras que contra ele disserem injustamente, mas também não se encherá de vã alegria quando outros o justificarem com razões. Ele pondera que *eu sou o perscrutador dos corações e dos rins* (Sl 7,10), e não julgo segundo o exterior e as aparências humanas. Porque muitas vezes é culpável a meus olhos o que é tido por louvável na opinião dos homens.

5. *A alma*: Senhor, *Deus, juiz justo, forte e paciente* (Sl 7,12), que conheceis a fraqueza e a malícia dos homens, sede minha fortaleza e toda a minha confiança, porque não me basta a consciência da própria força. Vós sabeis o que eu

não sei, por isso devia ter recebido qualquer repreensão com humildade e mansidão. Perdoai-me, portanto, por todas as vezes que assim o não fiz, e dai-me de novo mais graça para sofrer. Portanto, mais valiosa me é vossa abundante misericórdia para alcançar o perdão dos pecados do que minha pretensa justiça em defesa do que está oculto na consciência. E mesmo que ela de nada me acuse, nem por isso sou justificado; porque sem a vossa misericórdia *nenhum vivente haverá justo a vossos olhos* (Sl 142,2).

CAPÍTULO 47

QUE TODAS AS COISAS GRAVES SE DEVEM SUPORTAR PELA VIDA ETERNA

1. *Jesus*: Filho, não te deixes quebrantar pelos trabalhos empreendidos por meu amor, nem desanimes nas tribulações; mas em tudo que te suceder, te consolem e fortifiquem minhas promessas. Sou assaz poderoso para te recompensar além de todo limite e medida. Não lidarás aqui muito tempo, nem sempre estarás acabrunhado de dores. Espera um pouco e verás em breve o fim de teus males. Hora virá em que cessará todo trabalho e inquietação. É de pouco valor e duração o que passa com o tempo.

2. Faz o que podes fazer, trabalha fielmente em minha vinha, e *eu serei tua recompensa* (Gn 15,1). Escreve, lê, canta, geme, cala, ora e sofre varonilmente toda adversidade; a vida eterna é digna dessas e outras maiores pelejas. Virá a paz um dia que o Senhor sabe, e não haverá mais nem dia nem noite, como no presente, mas luz perpétua, claridade infinita, paz firme e seguro repouso. Não dirás então: *Quem me livrará deste corpo de morte?* (Rm 7,24), nem

exclamarás: *Ai de mim, que se tem prolongado o meu desterro* (Sl 119,5). Porque a morte será destruída e a salvação será eterna; livre de toda ansiedade, gozarás deliciosa alegria, em meio de agradável e brilhante companhia.

3. Oh, se visses as coroas imarcescíveis dos santos no céu e a glória em que já exultam aqueles que outrora, aos olhos do mundo, eram desprezados e reputados quase indignos da vida; com certeza, logo te humilharias até ao pó e desejarias antes obedecer a todos que a um só a mandar. Nem cobiçarias os dias felizes desta vida, mas antes te alegrarias de ser atribulado por amor de Deus, e considerarias grande vantagem o ser tido por nada entre os homens.

4. Oh, se achasses gosto nessas coisas e elas penetrassem profundamente no coração, como poderias ousar proferir uma só queixa? Porventura haverá pena que não se deva sofrer pela vida eterna? Certo que não é pouco perder ou ganhar o reino de Deus. Ergue, pois, os olhos ao céu. Eis-me aqui com todos os meus santos; eles, que neste mundo sustentaram grandes combates, ora se rejubilam, ora estão consolados e estão seguros, ora gozam o repouso e permanecerão para sempre comigo no reino de meu Pai.

CAPÍTULO 48

DO DIA DA ETERNIDADE E DAS ANGÚSTIAS DESTA VIDA

1. Ó mansão beatíssima da celestial cidade! Ó dia claríssimo da eternidade, que a noite não obscurece, mas a Verdade soberana sempre ilumina; dia sempre festivo, sempre seguro, que nunca muda no contrário! Oh, se já amanhecera aquele dia e acabaram todas as coisas temporais! Para os

santos, sim, brilha este dia com o fulgor de sua perpétua claridade; para nós, peregrinos da terra, só de longe se mostra e como por espelho.

2. Sabem os cidadãos do céu quão ditoso é aquele dia; sentem os desterrados filhos de Eva quão triste e amargo é este da vida presente. Os dias deste tempo são curtos e maus, cheios de dores e angústias. Neles se vê o homem manchado de muitos pecados, enredado de muitas paixões, angustiado de muitos temores, inquietado com muitos cuidados, distraído com muitas curiosidades, emaranhado em muitas vaidades, cercado de muitos erros, oprimido de muitos trabalhos, acossado por tentações, enervado pelas delícias, atormentado pela penúria.

3. Oh, quando virá o fim de todos estes males? Quando me verei livre da triste escravidão dos vícios? Quando me lembrarei somente de vós, Senhor? Quando em vós plenamente me alegrarei? Quando viverei em perfeita liberdade, sem nenhum impedimento, sem aflição da alma e do corpo? Quando gozarei a paz sólida, imperturbável e segura, paz interna e externa, paz de toda parte estável? Ó bom Jesus, quando estarei diante de vós para vos ver? Quando contemplarei a glória do vosso reino? Quando me sereis tudo em todas as coisas? Oh, quando estarei convosco no reino que preparastes desde toda a eternidade para os que vos amam? Pobre e desterrado estou, em terra de inimigos, onde há guerras contínuas e misérias extremas!

4. Consolai-me no meu desterro, mitigai-me a dor, para vós se dirige todo o meu desejo. Tudo quanto o mundo oferece de consolo é para mim tormento. Desejo gozar-vos intimamente, mas não o consigo. Desejo aplicar-me às coisas do céu, mas as coisas temporais e as paixões imortificadas me

abatem. Com o espírito desejava elevar-me acima de todas as coisas, mas a carne me obriga a sujeitar-me a elas contra a minha vontade. Assim, eu, homem desgraçado, pelejo comigo e *sou a mim mesmo pesado* (Jó 7,20), pois o espírito aspira às alturas, mas a carne, às baixezas.

5. Oh, quanto padeço interiormente, quando, ao meditar nas coisas celestiais, logo uma multidão de ideias carnais vem perturbar-me a oração! *Deus meu, em vossa ira, não vos aparteis de vosso servo!* (Sl 26,9). Lançai os vossos raios e dissipai esses pensamentos! (Sl 143,6). Despedi vossas flechas e se desfarão todos esses fantasmas do inimigo. Concentrai e recolhei em vós meus sentidos; fazei-me esquecer todas as coisas do mundo; concedei-me a graça de logo rebater e desprezar todas as imaginações do pecado. Socorrei-me, Verdade eterna, para que nenhuma vaidade me possa seduzir. Vinde, doçura celestial, e diante de vós fuja toda impureza. Perdoai-me também e relevai-me, pela vossa misericórdia, todas as vezes que, na oração, penso em outra coisa, fora de vós. Confesso sinceramente que costumo ser muito distraído, pois muitas vezes não estou onde tenho o corpo, mas onde me levam os pensamentos. Estou onde está o meu pensamento, e meu pensamento está, de ordinário, onde está o que amo. Ocorre-me com facilidade o que naturalmente me deleita ou por costume me agrada.

6. Por isso vós, Verdade eterna, dissestes claramente: *Onde está teu tesouro, aí se acha também teu coração* (Mt 6,21). Se amo o céu, gosto de pensar nas coisas celestiais. Se amo o mundo, alegro-me com seus deleites e entristeço-me com suas adversidades. Se amo a carne, com gosto me ocupo dos pensamentos carnais. Se amo o espírito, deleita-me o pensar nas coisas espirituais. Porque,

seja qual for o objeto do meu amor, dele falo e ouço falar com gosto e trago comigo a sua imagem. Mas bem-aventurado o homem que por amor de vós, Senhor, abre mão de todas as criaturas, faz violência à natureza e crucifica a concupiscência da carne com o fervor do espírito, para, de consciência serena, oferecer-vos uma oração pura e, desprendido interior e exteriormente de tudo que é terreno, merecer entrar no coro dos anjos.

CAPÍTULO 49

DO DESEJO DA VIDA ETERNA E QUANTOS BENS ESTÃO PROMETIDOS AOS QUE COMBATEM

1. *Jesus*: Filho, quando sentires que o céu te inspira saudades da bem-aventurança e o desejo de deixar o tabernáculo do corpo para contemplar minha glória sem sombra de mudanças, alarga o teu coração e recebe esta santa inspiração com todo o afeto. Dá muitas graças à Bondade soberana, que usa de tanta liberdade para contigo, com tanta clemência te visita, tanto te anima, tão poderosamente te levanta, para que teu próprio peso não te arraste para as coisas terrenas, pois isso não te vem por teus pensamentos ou esforços, mas só pela mercê da graça celeste e do beneplácito divino para que te adiantes nas virtudes, sobretudo na humildade, e te prepares para futuras pelejas; para que te entregues a mim com todo o afeto do teu coração e me sirvas com ardente amor.

2. Filho, muitas vezes arde o fogo, mas não sobe a chama sem fumo. Assim também os desejos de alguns se abrasam pelas coisas celestiais, e, contudo, não estão

livres da tentação e dos afetos carnais. Por isso, não fazem unicamente pela glória de Deus o que, aliás, com tanto desejo lhe pedem. Tal é também muitas vezes teu desejo, que manifestastes com tanta ansiedade; pois não é puro nem perfeito o que está contaminado de algum interesse próprio.

3. Pede-me não o que te é agradável e cômodo, senão o que a mim me é aceito e honroso; pois, se julgares retamente, deves preferir minha lei a todos os teus desejos e cumpri-la. Conheço teus desejos e ouvi teus frequentes gemidos. Quiseras já agora estar na gloriosa liberdade dos filhos de Deus, já te deleita o pensamento da morada eterna, na pátria celestial repleta de gozo; mas não é ainda chegada essa hora, outro é o tempo atual, tempo de guerra, trabalho e provação. Desejas gozar a plenitude do Sumo Bem, mas por enquanto ainda não o podes conseguir. Sou eu esse Bem supremo; espera-me, diz o Senhor, até que venha o Reino de Deus.

4. Hás de passar ainda por muitas provações na terra e ser exercitado em muitas coisas. Consolações se te darão de vez em quando, mas plena satisfação não podes receber. Esforça-te, pois, e tem coragem para fazer e sofrer o que repugna à natureza. Importa que te revistas do homem novo e te transformes em outro homem. Cumpre-te fazer muitas vezes o que não queres e deixar o que queres. O que agrada aos outros terá bom sucesso; o que te agrada não se fará. O que os outros dizem está atendido; o que tu dizes será desprezado. Pedirão os outros e receberão; tu pedirás, e não alcançarás.

5. Serão grandes os outros na boca dos homens; mas de ti nem se dirá palavra. Os outros serão encarregados de diversas comissões, e tu não serás julgado capaz de

coisa alguma. Com isso se contristará, às vezes, a natureza; mas muito ganharás se o sofreres calado. Nessas e noutras coisas semelhantes costuma ser aprovado o servo fiel do Senhor, para ver como sabe negar-se e mortificar em tudo. Dificilmente haverá coisa em que mais te seja preciso morrer a ti mesmo, do que em ver e sofrer o que é contrário à tua vontade mormente quando te mandam fazer coisas que te parecem inúteis ou desarrazoadas. E porque não ousas resistir à autoridade do superior, sob cujo governo estás, duro te parece andar à vontade de outrem e deixar de todo o teu próprio parecer.

6. Mas considera, filho, o fruto desses trabalhos, o fim breve e o prêmio excessivamente grande, e não te serão molestos, mas acharás neles consolo para teus sofrimentos, pois, por um pequeno desejo que agora sacrificas, tua vontade será sempre satisfeita no céu onde acharás tudo que quiseres, tudo o que podes desejar. Ali possuirás todo o bem, sem medo de o perder. Ali tua vontade, sempre unida com a minha, nada desejará fora de mim, nada que te seja próprio. Ali ninguém te fará oposição ou de ti se queixará, ninguém te causará estorvo ou contrariedades; antes, tudo quanto desejares já estará presente, para preencher e satisfazer plenamente todos os teus desejos. Ali te darei a glória pela injúria padecida, uma túnica de honra pela tristeza, e, pela escolha do ínfimo lugar, um trono em meu reino para sempre. Ali brilhará o fruto da obediência, alegrar-se-á a austera penitência e será gloriosamente coroada a sujeição humilde.

7. Sujeita-te, pois, agora humildemente à vontade de todos, sem te importar quem foi que tal disse ou mandou, mas cuida muito em acolher de bom grado qualquer

pedido ou aceno, seja de teu superior, ou embora de teu igual ou inferior, e trata de o cumprir com sincera vontade. Busque um isto, outro aquilo; glorie-se este numa coisa, aquele em outra, e receba mil louvores; tu, porém, não te deleites numa nem noutra coisa, mas só no desprezo de ti mesmo e na minha vontade e glória. Este deve ser o teu desejo: que tanto na vida como na morte Deus seja sempre por ti glorificado.

CAPÍTULO 50

COMO O HOMEM ANGUSTIADO SE DEVE ENTREGAR NAS MÃOS DE DEUS

1. Senhor Deus, Pai santo! Bendito sejais agora e sempre; porque como quisestes assim se fez, e bom é quanto fazeis. Alegre-se em vós o vosso servo, não em si, nem em algum outro, porque só vós sois a verdadeira alegria, vós a minha esperança e coroa; só vós, Senhor, minha delícia e glória. Que tem vosso servo, senão o que de vós recebeu, ainda sem o merecer? Vosso é tudo o que destes e fizestes. *Pobre sou e vivo em trabalho desde a juventude* (Sl 87,16), e minha alma se entristece algumas vezes até às lágrimas, e outras se perturba pelos sofrimentos que a ameaçam.

2. Desejo a alegria da paz, suplico a paz de vossos filhos, a que apascentais na luz da consolação. Se vós me derdes a paz, se vós me infundirdes santa alegria, será a alma de vosso servo cheia de júbilo, entoando devotamente vossos louvores. Mas se vos afastardes, como muitas vezes fazeis, não poderá ele trilhar o caminho dos vossos mandamentos, mas antes se prostrará de joelhos,

para bater no peito, porque não lhe vai como nos dias passados, *quando resplandecia vossa luz sobre sua cabeça* (Gn 31,2), e encontrava refúgio contra as tentações violentas debaixo da sombra de vossas asas.

3. Pai justo e sempre digno de louvor! Chegada é a hora em que será provado o vosso servo. Pai amoroso! Justo é que nesta hora sofra alguma coisa o vosso servo por vosso amor. Pai sempre adorável, chegou a hora que de toda a eternidade prevíeis havia de vir, que por pouco tempo sucumba vosso servo exteriormente, mas vivendo interiormente sempre unido a vós. Por pouco tempo seja desprezado e humilhado, abatido diante dos homens e oprimido de sofrimentos e enfermidades, para que ressuscite convosco na aurora de uma nova luz e seja glorificado no céu. Pai santo! Foi esta vossa ordem e vontade, fez-se o que ordenastes.

4. Pois é uma graça que concedeis ao vosso amigo: o sofrer e penar neste mundo por vosso amor, quantas vezes e de quem o permitireis. Sem o vosso desígnio, sem a vossa providência, ou sem causa, nada acontece na terra. *É bom para mim, Senhor, que me tenhais humilhado, para que aprenda vossos justos juízos* (Sl 118,71), e deponha toda a soberba e toda presunção. Proveitoso é para mim *ter o rosto coberto de confusão* (Sl 68,8), para que busque a consolação em vós, e não nos homens. Também aprendi por esse meio a temer vossos insondáveis juízos; pois afligis o justo com o ímpio, mas sempre com equidade e justiça.

5. Graças vos dou, Senhor, que não poupastes minhas maldades, antes me castigais com duros açoites, enviando-me dores e afligindo-me exterior e interiormente de angústias. De tudo quanto existe debaixo do sol, nada há

capaz de me consolar senão vós, Senhor meu Deus, médico celestial das almas, *que feris e sanais, pondes em grandes tormentos e deles livrais* (1Rs 2,6; Tb 13,2). *Vosso castigo está sobre mim e vossa disciplina me ensinará* (Sl 17,36).

6. Pai querido, em vossas mãos estou e me inclino debaixo da vara de vossa correção. Feri-me as costas e o pescoço, para que sujeite minha vontade teimosa à vossa. Fazei-me discípulo devoto e humilde, como sabeis fazer, para que obedeça ao vosso menor aceno. Entrego-me, com tudo que é meu, à vossa correção; pois é melhor ser castigado neste mundo que no outro. Vós sabeis tudo e todas as coisas e nada se vos esconde da consciência humana. Vós sabeis o futuro antes que se realize, e não precisais de quem vos ensine ou advirta das coisas que se fazem na terra. Vós sabeis o que serve para meu progresso e quanto vale a tribulação para limpar a ferrugem dos vícios. Disponde de mim segundo o vosso beneplácito e não olheis para a minha vida pecaminosa, de ninguém melhor e mais claramente conhecida do que de vós.

7. Concedei-me, Senhor, que eu saiba o que devo saber, ame o que devo amar; fazei-me louvar o que mais vos agrada, estimar o que vós apreciais, desprezar o que a vossos olhos é abjeto. Não me deixeis julgar pelas aparências exteriores, nem criticar pelo que ouço de homens inexperientes, mas dai-me o discernimento certo das coisas visíveis e das espirituais, e sobretudo o desejo de conhecer sempre vossa vontade.

8. Enganam-se, frequentemente, os homens em seus juízos, e não menos se enganam os mundanos, porque só amam as coisas visíveis. Porventura ficará melhor o homem porque outro o louva? O mentiroso engana ao mentiroso, o vaidoso ao vaidoso, o cego ao cego, o doente

ao doente, em lhe fazendo elogios; e na verdade, antes o confunde em lhe tecendo vãos louvores. Porque, quanto cada um é aos olhos de Deus, *tanto é e nada mais*, diz o humilde São Francisco.

CAPÍTULO 51

QUE DEVEMOS PRATICAR AS OBRAS HUMILDES QUANDO SOMOS INCAPAZES PARA AS MAIS ALTAS

1. *Jesus*: Filho, não podes conservar-te sempre no desejo fervoroso de todas as virtudes, nem perseverar no mais alto grau de contemplação; mas às vezes te é necessário, por causa de tua natureza viciada, descer a coisas humildes e carregar, em que te pese, o fardo desta vida corruptível. Enquanto viveres neste corpo mortal, sentirás tédio e angústias do coração. Convém, pois, que na carne gemas muitas vezes debaixo do seu peso, porque não podes ocupar-te dos exercícios espirituais e da contemplação das coisas divinas, sem interrupção.

2. Então te convém recorrer a humildes ocupações exteriores e recrear-te nas boas obras; esperar, com firme confiança, minha vinda e visita celestial; levar com paciência o teu desterro e secura de espírito, até que de novo venha a visitar-te e te livre de todas as penas. Porque eu te farei esquecer os trabalhos e gozar do sossego interior. Abrir-te-ei o jardim delicioso das Sagradas Escrituras, para que, com o coração dilatado, comeces a correr pelo caminho dos meus mandamentos. E então dirás: *Não têm proporção as penas desta vida com a futura glória que se nos há de revelar* (Rm 8,18).

CAPÍTULO 52

QUE O HOMEM SE NÃO REPUTE DIGNO DE CONSOLAÇÃO, MAS MERECEDOR DE CASTIGO

1. *A alma*: Senhor, eu não sou digno da vossa consolação, nem de visita alguma espiritual, e por isso me tratais com justiça, quando me deixais pobre e desconsolado. Porque, mesmo que pudesse derramar um mar de lágrimas, ainda assim não seria digno de vossa consolação. Outra coisa não mereço, pois, senão ser flagelado e punido por tantas ofensas e tão graves delitos que cometi. Assim, portanto, bem considerado tudo, não sou digno nem da menor consolação. Vós, porém, Deus clemente e misericordioso, que não quereis que pereçam vossas obras, para manifestar as riquezas de vossa bondade nos vasos de misericórdia, vos dignais de consolar vosso servo, sem merecimento algum, de modo sobre-humano. Porque vossas consolações não são como as consolações humanas.

2. Que fiz eu, Senhor, para que me désseis alguma consolação celestial? Não me lembra ter feito bem algum, mas antes fui sempre inclinado a pecados e tardio na emenda. É esta a verdade, não há de negá-lo. Se dissesse outra coisa, vós estaríeis contra mim e não haveria quem me defendesse. Que outra coisa mereci pelos meus pecados, senão o inferno e o fogo eterno? Confesso com sinceridade que sou digno de todo escárnio e desprezo, e que não mereço ser contado no número de vossos servos. E ainda que ouça isso muito a contragosto, por amor à verdade, acusarei contra mim os meus pecados para alcançar mais facilmente a vossa misericórdia.

3. Que direi eu, coberto de culpa e confusão? Não posso abrir a boca senão para dizer esta palavra: Pequei, Senhor, pequei; tende piedade de mim, perdoai-me! *Deixai-me um pouco de tempo para desafogar a minha dor, antes de descer para a terra tenebrosa, coberta das sombras da morte* (Jó 10,20-21). Que mais exigis do culpado e mísero pecador senão que se humilhe e tenha contrição dos seus pecados? Pela contrição sincera e humilde do coração nasce a esperança do perdão, reconcilia-se a consciência perturbada, recupera-se a graça perdida, preserva-se o homem da ira futura, em ósculo santo une-se Deus à alma arrependida.

4. A humilde contrição dos pecados é para vós, Senhor, sacrifício mui aceito, que recende mais suave em vossa presença do que o perfume do incenso. É este também o precioso bálsamo que quisestes ver derramado em vossos pés sagrados, pois nunca desprezastes o coração contrito e humilhado (Sl 50,19). Lá se encontra o refúgio contra o furor do inimigo, ali se emendam e lavam as manchas algures contraídas.

CAPÍTULO 53

QUE A GRAÇA DE DEUS NÃO SE COMUNICA AOS QUE GOSTAM DAS COISAS TERRENAS

1. *Jesus*: Filho, preciosa é a minha graça; não sofre mistura de coisas estranhas, nem de consolações terrenas. Cumpre, pois, remover todos os impedimentos da graça, se desejas que te seja infundida. Busca lugar retirado, gosta de viver só contigo, e não procures conversa com os outros, mas a Deus dirige tua oração fervorosa para que te conserve na compunção de espírito e pureza da consciência. Avalia em nada o mundo todo: antepõe o serviço de Deus

a todas as coisas exteriores. Pois não podes há um tempo tratar comigo e deleitar-te nas coisas transitórias. Cumpre apartares-te dos conhecidos e amigos, e desprenderes teu coração de toda consolação temporal. Assim exorta também instantemente o apóstolo São Pedro que os fiéis cristãos *vivam neste mundo como estrangeiros e peregrinos* (1Pd 2,11).

2. Oh, quanta confiança terá aquele moribundo que não tem afeição a coisa alguma do mundo. Mas desprender assim o coração de tudo, não o compreende o espírito ainda enfermo, bem como o homem carnal não conhece a liberdade do homem interior. Entretanto, se quiser ser verdadeiramente espiritual, cumpre-lhe renunciar aos estranhos como aos parentes e de ninguém mais guardar-se do que de si mesmo. Se te venceres perfeitamente a ti mesmo, tudo o mais sujeitarás com facilidade, pois a perfeita vitória é triunfar de si mesmo. Porque aquele que se domina a tal ponto, que os sentidos obedeçam à razão e a razão lhe obedeça em todas as coisas, esse é realmente vencedor de si mesmo e senhor do mundo.

3. Se aspiras a galgar estas alturas, cumpre-te começar varonilmente e pôr o machado à raiz, para que arranques e cortes o secreto e desordenado apego que tens a ti mesmo e a todo bem particular e sensível. Deste vício do amor excessivo e desordenado que o homem tem a si mesmo provém quase tudo que radicalmente se há de vencer; vencido este e subjugado, logo haverá grande paz e tranquilidade estável. Mas já que poucos tratam de morrer a si mesmos e desapegar-se de si, por isso ficam presos em si mesmos e não se podem erguer em espírito acima de si. A quem, todavia, deseja livremente seguir-me, cumpre-lhe mortificar todos os seus maus e desordenados afetos, e não se prender, com amor apaixonado, a criatura alguma.

CAPÍTULO 54

DOS DIVERSOS MOVIMENTOS DA NATUREZA E DA GRAÇA

1. *Jesus*: Filho, observa com diligência os movimentos da natureza e da graça: pois são muito opostos uns aos outros e tão sutis que só a custo podem ser discernidos, mesmo por um homem espiritual e interiormente iluminado. Todos, sim, desejam o bem e intentam algum bem nas suas palavras e obras; por isso se enganam muitos com a aparência do bem. A natureza é astuta; a muitos atrai, enreda e engana, e não tem outra coisa em mira senão a si mesma. Mas a graça anda com simplicidade, evita a menor aparência do mal, não usa de enganos e tudo faz puramente por Deus, no qual descansa como em seu último fim.

2. A natureza tem horror à mortificação, não quer ser oprimida, nem vencida, nem sujeita, nem se submeter voluntariamente a outrem. A graça, porém, aplica-se à mortificação própria, resiste à sensualidade, quer estar sujeita, deseja ser vencida e não quer usar da própria liberdade: gosta de estar sob a disciplina, não cobiça dominar sobre outrem, mas quer viver, ficar e permanecer sempre debaixo da mão de Deus, sempre pronta, por amor de Deus, e se curvar humildemente a toda criatura humana. A natureza trabalha por seu próprio interesse e só atenta no lucro que de outrem lhe pode advir. A graça, porém, pondera não o que lhe seja útil ou cômodo, mas o que a muitos seja proveitoso. A natureza gosta de receber honras e homenagens; a graça, porém, refere fielmente a Deus toda honra e glória.

3. A natureza teme a confusão e desprezo; mas a graça alegra-se de sofrer injúrias pelo nome de Jesus. A natureza aprecia a ociosidade e o bem-estar do corpo; a graça, porém, não pode estar ociosa e abraça com prazer o trabalho. A natureza gosta de possuir coisas esquisitas e lindas e aborrece as vis e grosseiras; mas a graça se compraz nas simples e modestas, não despreza as ásperas, nem recusa vestir-se de hábito velho. A natureza cuida dos bens temporais, alegra-se por um lucro pequeno, entristece-se por um prejuízo e irrita-se com uma palavrinha injuriosa. A graça, porém, cuida das coisas eternas, não se apega às temporais, não se perturba com a sua perda, nem se ofende com palavras ásperas; porquanto pôs o seu tesouro e sua glória no céu onde nada perece.

4. A natureza é cobiçosa, antes quer receber do que dar; gosta de ter coisas próprias e particulares. Mas a graça é generosa e liberal, foge de singularidades, contenta-se com pouco e *considera maior felicidade o dar que o receber* (At 20,35). A natureza inclina-se para as criaturas, para a própria carne, para as vaidades e passatempos. Mas a graça nos conduz a Deus e às virtudes, renuncia às criaturas, foge do mundo, detesta os apetites carnais, restringe as vagueações e peja-se de aparecer em público. A natureza gosta de ter qualquer consolação exterior com que deleite os sentidos. A graça, porém, só em Deus procura seu consolo e se delicia no sumo bem, mais que em todas as coisas visíveis.

5. A natureza tudo faz para seu próprio interesse e proveito, nada sabe fazer de graça, mas espera sempre, pelo bem que faz, receber outro tanto ou melhor em elogios ou favores e deseja que se faça grande caso de seus efeitos e dons. A graça, porém, não busca nenhuma coi-

sa temporal, nem deseja outro prêmio, senão Deus só, e do temporal não deseja mais do que quanto lhe possa servir para conseguir a vida eterna.

6. A natureza preza-se de muitos amigos e parentes, ufana-se de sua posição elevada e linhagem ilustre, procura agradar aos poderosos, lisonjeia os ricos, aplaude os seus iguais. A graça, porém, ama os próprios inimigos, não se gaba do grande número de seus amigos, não faz caso de posição e nobreza, se lhes não vê unida maior virtude. Favorece mais ao pobre que ao rico, tem mais compaixão do inocente do que do poderoso, alegra-se com o sincero, e não com o mentiroso. Estimula sempre os bons a maiores progressos, para que se assemelhem, pelas virtudes, ao Filho de Deus. A natureza logo se queixa da penúria e do trabalho. A graça sofre com paciência a pobreza.

7. A natureza atribui tudo a si, em proveito seu peleja e porfia. A graça, porém, atribui tudo a Deus, de quem tudo dimana como de sua origem; nenhum bem atribui a si com arrogante presunção, não questiona, nem prefere a sua opinião à dos outros, mas em todo juízo e parecer se sujeita à sabedoria eterna e ao divino exame. A natureza deseja saber segredos e ouvir novidades, quer exibir-se em público e experimentar muitas coisas pelos sentidos; deseja ser conhecida e fazer aquilo donde lhe resultem louvor e admiração. A graça não cuida de novidades e curiosidades, porque tudo isso nasce da corrupção antiga, pois nada há de novo e estável sobre a terra. Ensina, pois, a refrear os sentidos, a evitar a vã complacência e ostentação, a ocultar humildemente o que provoque admiração e louvor, busca em todas as coisas e ciências proveito espiritual e a honra e glória de

Deus. Não quer que a louvem, nem às suas obras, mas que Deus seja bendito em seus dons, que ele prodigaliza a todos por mera bondade.

8. A graça é uma luz sobrenatural e um dom especial de Deus; é propriamente o sinal dos escolhidos e o penhor da salvação eterna, pois eleva o homem das coisas terrenas ao amor das celestiais, e de carnal o torna espiritual. Quanto mais, pois, é oprimida e dominada a natureza, tanto maior graça é infundida, e tanto mais cada dia é renovado o homem interior, conforme a imagem de Deus.

CAPÍTULO 55

DA CORRUPÇÃO DA NATUREZA E DA EFICÁCIA DA GRAÇA DIVINA

1. *A alma*: Senhor, meu Deus, que me criastes à vossa imagem e semelhança, concedei-me a graça que declarastes ser tão importante e necessária para a salvação: que eu vença minha péssima natureza, que me arrasta ao pecado e à perdição. Porque sinto em minha carne a lei do pecado, que é contrária à lei do espírito e me cativa, querendo me levar a obedecer, em muitas coisas, à sensualidade; nem poderei resistir às paixões, se não me assistir vossa santíssima graça e me inflamar o coração.

2. É necessária vossa graça, e grande graça, para vencer a natureza, propensa sempre ao mal desde a infância. Porque, viciada pelo primeiro homem, Adão, e corrompida pelo pecado, transmite a todos os homens a pena dessa mancha, de sorte que a mesma natureza, por vós criada boa e reta, agora deve ser considerada como enferma e enfraquecida pela corrupção, visto que seus movimentos,

abandonados a si mesmos, a arrastam ao mal e às coisas baixas. Porque a módica força que lhe ficou é como uma centelha oculta debaixo da cinza. Essa centelha é a razão natural que, embora envolta em densas trevas, discerne ainda o bem do mal, a verdade do erro, mas não é capaz de fazer tudo que aprova, já que não possui a plena luz da verdade, nem a primitiva pureza de seus afetos.

3. Daí vem, ó meu Deus, que *segundo o homem interior me deleito em vossa lei* (Rm 7,22), sabendo que vosso mandato é bom, justo e santo, que reprova todo mal e ensina que se deve fugir ao pecado. Segundo a carne, porém, estou escravizado à lei do pecado, pois obedeço mais à sensualidade que à razão. Daí vem que *tenho vontade de fazer o bem, mas não sei realizá-lo* (Rm 7,18). Por isso, faço muitos bons propósitos, mas faltando-me vossa graça que auxilie minha fraqueza, com o menor obstáculo desfaleço e desisto. Assim sucede que bem conheço o caminho da perfeição e vejo claramente o que devo fazer. Entretanto, oprimido com o peso da corrupção, não me elevo ao que é mais perfeito.

4. Oh, como me é necessária, Senhor, vossa graça, para começar, continuar e completar o bem. Porque sem ela nada posso fazer, mas tudo posso em vós, se me confortar vossa graça. Ó graça verdadeiramente celestial, sem a qual nada valem os próprios merecimentos, nem apreço merecem os dons naturais! Nada valem diante de vós, Senhor, as artes e a riqueza, a formosura e a fortaleza, o engenho e a eloquência, sem a graça. Porque os dons da natureza são comuns aos bons e aos maus; mas a graça ou caridade é peculiar dos escolhidos, porque os torna dignos da vida eterna. Tão excelente é essa graça, que nem o dom da profecia, nem o poder de fazer milagres, nem a

mais alta contemplação tem valor algum sem ela. Nem mesmo a fé, nem a esperança, nem as outras virtudes vos agradam, sem a graça e sem a caridade.

5. Ó graça beatíssima, que fazes rico de virtudes o pobre de espírito e tornas humilde de coração o rico dos bens de fortunas: vem, desce sobre mim e enche minha alma de tua consolação, para que não desfaleça, de cansaço e aridez, meu espírito. Suplico-vos, Senhor, que eu ache graça em vossos olhos, porque me basta a vossa graça, embora me falte tudo que deseja a natureza. Ainda que seja tentado e vexado com muitas tribulações, nada temerei, enquanto estiver comigo a vossa graça. Ela é a minha fortaleza, me dá conselho e amparo. Ela é mais poderosa que todos os inimigos e mais sábia que todos os sábios.

6. Ela é a mestra da verdade e da disciplina, a luz do coração e o alívio nas tribulações; ela afugenta a tristeza, dissipa o temor, nutre a devoção, gera santas lágrimas. Que sou eu sem a graça, senão um lenho seco e um tronco inútil, que se atira ao fogo? Previna-me, pois, Senhor, a vossa graça e me acompanhe sempre e me conserve continuamente na prática das boas obras, por Jesus Cristo, vosso Filho. Amém.

CAPÍTULO 56

QUE DEVEMOS RENUNCIAR A NÓS MESMOS E SEGUIR A CRISTO PELA CRUZ

1. *Jesus*: Quanto mais saíres de ti mesmo, tanto mais poderás chegar-te a mim. Assim como o não desejar coisa alguma exterior produz paz interior, assim o desprendimento interior de si mesmo causa a união com

Deus. Quero que aprendas a perfeita abnegação de ti mesmo, submetendo-te, sem resistência e sem queixa, à minha vontade. *Segue-me, eu sou o caminho, a verdade e a vida* (Jo 14,6). Sem caminho não se anda, sem verdade não se conhece, sem vida não se vive. Eu sou o caminho que deves seguir, a verdade que deves crer, a vida que deves esperar. Eu sou o caminho seguro, a verdade infalível, a vida interminável. Eu sou o caminho direito, a verdade suprema, a vida verdadeira, a vida ditosa, a vida incriada. Se perseverares no meu caminho, conhecerás a verdade, e a verdade te livrará (Jo 8,32), e alcançarás a vida eterna.

2. *Se queres entrar na vida, guarda os mandamentos* (Mt 19,17). Se queres conhecer a verdade, crê em mim. *Se queres ser perfeito, vende tudo* (Mt 19,21). Se queres ser meu discípulo, renuncia a ti mesmo. Se queres possuir a vida bem-aventurada, despreza a presente. Se queres ser exaltado no céu, humilha-te na terra. Se queres reinar comigo, carrega comigo a cruz, porque só os servos da cruz acham o caminho da bem-aventurança e da luz verdadeira.

3. *A alma*: Senhor, Jesus Cristo, porque vossa vida foi tão oprimida e desprezada no mundo, concedei-me o imitar-vos com o desprezo do mundo. *Pois o servo não é maior que seu senhor, nem o discípulo mais do que o mestre* (Mt 10,24). Trabalhe vosso servo por conformar-me à vossa vida, porque nela está a minha salvação e a verdadeira santidade. Tudo quanto fora dela leio ou ouço não me pode recrear ou deleitar plenamente.

4. *Jesus*: Filho, pois que sabes e lês todas essas coisas, bem-aventurado serás se as puseres em prática. Quem conhece os meus mandamentos e os guarda, esse é o

que me ama; também eu o amarei e me manifestarei a ele (Jo 14,21), e o farei assentar comigo no reino de meu Pai.

5. *A alma*: Senhor Jesus, faça-se em mim segundo vossa palavra e promessa, e seja-me dado merecê-lo. Recebi a cruz, da vossa mão a recebi; hei de carregá-la, carregar até à morte, como vós ma impusestes. Na verdade, a vida do bom religioso é uma cruz, mas o conduz ao Paraíso. O começo está feito; não posso voltar atrás sem desistir.

6. Eia, irmãos! Marchemos unidos, Jesus está conosco, por Jesus abraçamos a cruz, por Jesus queremos nela perseverar. Ele, que é nosso chefe e guia, será também nosso auxílio. Eis o nosso Rei, que marcha à nossa frente, Ele por nós combaterá. Varonilmente queremos segui-lo, ninguém se espante; estejamos prontos para morrer, com denodo, no combate, e não manchemos nossa glória desertando da cruz.

CAPÍTULO 57

QUE O HOMEM NÃO SE DESANIME EM DEMASIA, QUANDO CAI EM ALGUMAS FALTAS

1. *Jesus*: Filho, mais me agradam a paciência e a humildade nos reveses que a muita consolação e fervor nas prosperidades. Por que te entristece uma coisinha que contra ti disseram? Ainda que fosse maior, não te devias ter perturbado. Deixa passar isso agora, não é novidade; não é a primeira vez, nem será a última, se muito tempo viveres. Mas valoroso és, enquanto te não sucede alguma adversidade. Sabes até dar bons conselhos e acalentar os outros com tuas palavras; mas quando bate, de

improviso, à tua porta a tribulação, logo te falta conselho e fortaleza. Considera tua grande fraqueza, que tantas vezes experimentas nas pequenas coisas; todavia, é para tua salvação que isso e semelhantes coisas acontecem.

2. Procura esquecer isso como melhor souberes e, se te impressionou, não te abale nem te perturbe muito tempo. Sofre ao menos com paciência o que não podes sofrer com alegria. Ainda que te custe ouvir esta ou aquela palavra e te sintas indignado, modera-te e não deixes escapar da tua boca alguma expressão despropositada, com que os pequenos se poderiam escandalizar. Logo se acalmará a tempestade em teu coração e a dor se converterá em doçura, com a volta da graça. Eu ainda vivo, diz o Senhor, pronto para te ajudar e consolar, mais do que nunca, se em mim confiares e me invocares com fervor.

3. Sê mais corajoso e prepara-te para suportar coisas maiores. Nem tudo está perdido por te sentires amiúde tribulado e gravemente tentado. Homem és, e não Deus; carne és, e não anjo. Como poderás tu perseverar sempre no mesmo estado de virtude, se tal não pôde o anjo no céu, nem o primeiro homem no paraíso? Eu sou que levanto os aflitos e os salvo, elevo à minha divindade os que conhecem as suas fraquezas.

4. *A alma*: Senhor, bendita seja a vossa palavra, mais doce na minha boca que um favo de mel (Sl 18,11; 118,103). Que seria de mim em tantas tribulações e angústias, se vós me não confortásseis com vossas santas palavras? Contanto que chegue afinal ao porto de salvação, que importa o que e quanto tiver sofrido? Concedei-me bom fim, ditoso trânsito deste mundo. Lembrai-vos de mim, meu Deus, e conduzi-me pelo caminho reto ao vosso reino! Amém.

CAPÍTULO 58

QUE NÃO DEVEMOS ESCRUTAR AS COISAS MAIS ALTAS E OS OCULTOS JUÍZOS DE DEUS

1. *Jesus*: Filho, guarda-te de disputar sobre assuntos altos e os ocultos juízos de Deus; não queiras investigar por que este é deixado em tal estado, aquele elevado a tanta graça, este tão oprimido, aquele tão exaltado. Isso excede o alcance humano, e não há raciocínio nem discussão que possam escrutar os desígnios de Deus. Quando, pois, o inimigo te sugere tais pensamentos, ou os curiosos questionarem sobre eles, responde com o profeta: *Justo sois, Senhor, e justo é o vosso juízo* (Sl 118,37), ou, também: *Os juízos do Senhor são verdadeiros e justificados em si mesmos* (Sl 19,10). Meus juízos devem se temer, e não discutir, porque são incompreensíveis ao entendimento humano.

2. Não queiras também inquirir ou disputar sobre os méritos dos santos, qual seja o mais santo ou o maior no Reino dos Céus. Daí nascem muitas controvérsias e contendas inúteis, que nutrem a soberba e a vanglória, donde procedem invejas e discórdias, porque este prefere soberbamente um santo, aquele quer dar a preeminência a outro. Querer saber e investigar tais coisas não traz proveito algum, antes desagrada aos santos, porque *eu não sou Deus de discórdia e sim da paz* (1Cor 14,33), e essa paz consiste antes na verdadeira humildade que na própria exaltação.

3. Alguns, por um zelo de predileção, se afeiçoam mais a este ou àquele santo, mas esse afeto é antes humano que divino. Sou eu que fiz todos os santos; eu lhes dei a graça, eu lhes outorguei a glória. Eu sei os merecimentos de cada um, eu os preveni com as bênçãos

da minha doçura (Sl 20,4). Eu conheci os meus amados antes dos séculos, eu os escolhi do mundo, e não eles a mim. Eu os chamei por minha graça e os atraí por minha misericórdia: eu os fiz passar por várias provações. Eu os inundei de maravilhosas consolações, dei-lhes a perseverança e coroei a sua paciência.

4. Eu conheço o primeiro e o último e abraço a todos com inestimável amor. Eu devo ser louvado em todos os meus santos, bendito sobre todas as coisas e honrado em cada um deles, que eu tão gloriosamente exaltei e predestinei, sem prévio merecimento algum de sua parte. Quem desprezar, pois, um dos menores dos meus, deixa também de honrar o maior, porque fui eu que fiz o pequeno e o grande. E quem menos preza a qualquer dos santos, a mim menospreza e todos os mais que estão no Reino dos Céus. Por isso, todos são um pelo veículo da caridade; todos têm o mesmo parecer, o mesmo querer, e se amam mutuamente com o mesmo amor.

5. Além disso – o que é mais sublime ainda –, eles me amam mais a mim que a si e seus merecimentos, porque, arrebatados acima de si mesmos e desprendidos de todo amor-próprio, se transformaram inteiramente no meu amor, no qual descansam com sumo gozo. Nada há que os possa desviar ou deprimir, porque, repletos da eterna verdade, ardem no fogo inextinguível da caridade. Calem-se, pois, os homens carnais e sensuais, e não discutam sobre o estado dos santos, porque não sabem amar senão seus próprios gozos. Eles diminuem ou acrescentam conforme a sua inclinação, e não como agrada à eterna Verdade.

6. Em muitos é isso ignorância, mormente naqueles que, pouco iluminados, raramente sabem amar um santo com amor puramente espiritual.

Leva-os ainda muito a natural afeição e a amizade humana, que os inclina a este ou àquele, e, como se portam nas coisas terrenas, assim se lhes afiguram também as celestiais. Há, porém, incomparável distância entre o que pensam os imperfeitos e o que alcançam os homens espirituais pela revelação superior.

7. Guarda-te, pois, filho, de discorrer curiosamente sobre coisas que excedem teu entendimento; cuida antes e trata de seres ainda o ínfimo no Reino de Deus. E dado que alguém soubesse quem seja deles o mais santo ou o maior no Reino dos Céus, que lhe aproveitaria esse conhecimento se dele não tomasse motivo de humilhar-se diante de mim e louvar mais fervorosamente o meu nome? Muito mais agrada a Deus quem cuida na grandeza dos seus pecados, na escassez das virtudes e na grande distância que o separa da perfeição dos santos, do que aquele que disputa sobre a maior ou menor glória deles. Melhor é implorar aos santos com devotas orações e lágrimas, suplicar-lhes com humildade de coração sua gloriosa intercessão, que perscrutar, com vã curiosidade, seus segredos.

8. Os santos estão bem contentes e satisfeitos; oxalá também os homens soubessem estar contentes e refrear suas vãs palavras. Não se gloriam dos próprios merecimentos, pois nenhum bem atribuem a si mesmos, mas tudo referem a mim que lhes dei tudo por infinita caridade. Tão cheios estão do amor da divindade e de abundantíssima alegria, que nada falta à sua glória, nem pode faltar à sua bem-aventurança. Quanto mais elevados estão os santos na glória, tanto mais humildes são em si mesmos e mais perto de mim e por mim amados. Por isso, lês na Escritura *que depunham suas coroas diante de Deus e se prostravam diante do Cordeiro e adoravam aquele que vive nos séculos dos séculos* (Ap 4,10).

9. Muitos perguntam qual seja o maior no Reino de Deus e não sabem se serão dignos de ser contados entre os menores. Grande coisa é ser ainda o menor no céu, onde todos são grandes, porque serão chamados filhos de Deus, e, na verdade, o são. *O menor valerá por mil, e o pecador de cem anos morrerá* (Is 60,22; 65,20), pois, quando os discípulos perguntaram quem era o maior no Reino dos Céus, receberam esta resposta: *Se vos não converterdes e vos tornardes como crianças, não entrareis no Reino dos Céus* (Mt 18,3.4).

10. Ai daqueles que recusam humilhar-se espontaneamente com os pequenos; porque é baixa a porta do reino celeste e não lhes dará entrada. Ai também dos ricos, que têm neste mundo suas consolações, porque, quando os pobres entrarem no Reino de Deus, eles ficarão de fora, chorando. Regozijai-vos, humildes, e *exultai, pobres, porque vosso é o Reino de Deus* (Lc 6,20) contanto que andeis no caminho da verdade.

CAPÍTULO 59

QUE SÓ EM DEUS DEVEMOS FIRMAR TODA ESPERANÇA E CONFIANÇA

1. *A alma*: Senhor, que confiança posso eu ter nesta vida ou qual é minha maior consolação de tudo quanto existe debaixo do sol? Não o sois vós, Senhor, Deus meu, cuja misericórdia é infinita? Onde me achei bem sem vós, ou quando passei mal, estando vós presente? Antes quero ser pobre por vós, que rico sem vós. Prefiro peregrinar convosco na terra, que sem vós possuir o céu. Onde vós estais, aí está o céu; e lá existe a morte e o inferno, onde vós não estais. Vós sois o alvo de meus desejos,

por isso por vós devo gemer, clamar e orar. Em ninguém, finalmente, posso plenamente confiar que me dê auxílio oportuno em minhas necessidades, senão em vós só, meu Deus. Vós sois minha esperança, vós minha confiança, vós meu consolador fidelíssimo em todas as coisas.

2. Todos buscam os seus interesses; vós, porém, só tendes em vista minha salvação e aproveitamento, e tudo converteis em bem para mim. Ainda quando me sujeitais a várias tentações e adversidades, tudo isso ordenais para meu proveito, pois de mil modos costumais provar os vossos amigos. E nessas provações não menos vos devo amar e louvar, como se me enchêsseis de celestiais consolações.

3. Em vós, portanto, Senhor meu Deus, é que ponho toda a minha esperança e refúgio; a vós entrego todas as minhas tribulações e angústias; porque tudo quanto vejo fora de vós acho fraco e inconstante. Nada me aproveitam os muitos amigos, nem me poderão ajudar os homens, nem os prudentes conselheiros me darão conselho útil, nem os livros dos sábios me poderão consolar, nem qualquer tesouro precioso me poderá salvar, nem algum retiro delicioso me proteger, se vós mesmo não me assistis, ajudais, confortais, consolais, instruís e defendeis.

4. Pois tudo que parece próprio para alcançar a paz e a felicidade nada é sem vós, nem pode trazer-nos a verdadeira felicidade. Vós sois, pois, o remate de todos os bens, a plenitude da vida, o abismo da ciência; esperar em vós acima de tudo é a maior das consolações dos vossos servos. A vós, Senhor, levanto os meus olhos, em vós confio, Deus meu, Pai de misericórdia! Abençoai e santificai minha alma com a bênção celestial para que seja vossa santa morada, o trono de vossa eterna glória, e nada se encontre nesse tempo da vossa divindade que

possa ofender os olhos de vossa majestade. Olhai para mim segundo a grandeza de vossa bondade e a multidão de vossas misericórdias e ouvi a oração do vosso pobre servo desterrado tão longe, na sombria região da morte. Protegei e conservai a alma do vosso mísero servo entre os muitos perigos desta vida corruptível, e com a assistência de vossa graça guiai-o pelo caminho da paz à pátria da perpétua claridade. Amém.

LIVRO IV

Do sacramento do altar

Devota exortação à Sagrada Comunhão

Voz de Cristo

Vinde a mim todos que penais e estais sobrecarregados, e eu vos aliviarei, diz o Senhor (Mt 11,78).

O pão que eu darei é a minha carne, pela vida do mundo (Jo 6,52).

Tomai e comei, este é o meu corpo, que será entregue por vós; fazei isto em memória de mim (Lc 22,19).

Quem come a minha carne e bebe o meu sangue fica em mim e eu nele (Jo 6,57).

As palavras que eu vos disse são espírito e vida (Jo 6,64).

CAPÍTULO 1

COM QUANTA REVERÊNCIA CUMPRE RECEBER A CRISTO

Voz do discípulo

1. São vossas essas palavras, ó Jesus, verdade eterna, ainda que não fossem proferidas todas ao mesmo tempo, nem escritas no mesmo lugar. Sendo vossas, pois, essas

palavras e verdadeiras, devo recebê-las todas com gratidão e fé. São vossas, porque vós as dissestes; e são também minhas, porque as dissestes para minha salvação. Cheio de alegria as recebo de vossa boca, para que mais profundamente se me gravem no coração. Animam-me palavras de tanta ternura, atemorizam-me os meus pecados, e minha consciência impura me afasta da participação de tão altos mistérios. Atrai-me a doçura de vossas palavras, mas me oprime a multidão de meus pecados.

2. Mandais que me chegue a vós com grande confiança, se quero ter parte convosco; e que receba o manjar da imortalidade, se desejo alcançar a vida e a glória eterna. *Vinde*, dizeis vós, *vinde a mim todos que penais e estais sobrecarregados, e eu vos aliviarei.* Ó palavra doce e amorosa aos ouvidos do pecador: vós, Senhor meu Deus, convidais o pobre e indigente à comunhão de vosso santíssimo corpo, mas quem sou eu, Senhor, para ousar aproximar-me de vós? Eis que os céus dos céus não vos pode abranger, e dizeis: *Vinde a mim todos!*

3. Que quer dizer essa condescendência tão meiga e esse tão amoroso convite? Como me atreverei a chegar-me a vós, quando não conheço em mim bem algum em que me possa confiar? Como posso acolher-vos em minha morada, eu, que tantas vezes ofendia vossa benigníssima face? Tremem os anjos e os arcanjos, estremecem os santos e os justos, e vós dizeis: *Vinde a mim todos!* Se não fosse vossa essa palavra, quem a teria por verdadeira? Se vós o não ordenásseis, quem ousaria aproximar-se?

4. Noé, o varão justo, trabalhou cem anos na construção da arca para salvar-se com poucos: como me poderei eu preparar numa hora para receber com reverência o Criador do mundo? Moisés, vosso grande

servo e particular amigo, fabricou a arca de madeira incorruptível e revestiu-a de ouro puríssimo, para guardar nela as tábuas da lei; e eu, criatura vil, me atreverei a receber-vos com tanta facilidade, a vós, que sois o autor da lei e o dispensador da vida? Salomão, o mais sábio dos reis de Israel, levou sete anos a edificar o templo magnífico, em louvor de vosso nome, e celebrou por oito dias a festa de sua dedicação, ofereceu mil hóstias pacíficas e, ao som das trombetas e com muito júbilo, colocou a arca da aliança no lugar que lhe havia sido preparado. E eu, o mais miserável de todos os homens, como poderei receber-vos em minha casa, quando mal sei empregar meia hora com devoção? E oxalá que uma vez sequer a houvesse empregado dignamente!

5. Ó meu Deus, quanto se esforçaram esses vossos servos para agradar-vos! Ai, quão pouco é o que eu faço! Quão pouco o tempo que gasto em preparar-me para a Comunhão! Raras vezes estou de todo recolhido, raríssimo livre de toda distração. E, todavia, na presença salutar de vossa divindade não me devia ocorrer pensamento algum impróprio, nem eu me devia ocupar de criatura alguma, pois vou hospedar, não a um anjo, senão ao Senhor dos anjos.

6. Demais, há grandíssima diferença entre a arca da aliança com suas relíquias e vosso puríssimo corpo com suas inefáveis virtudes; entre aqueles sacrifícios da lei, que eram apenas figuras do futuro, e o sacrifício verdadeiro de vosso corpo, que é o cumprimento de todos os sacrifícios antigos.

7. Por que, pois, se me não acende melhor o meu coração na vossa adorável presença? Por que me não preparo com maior cuidado para receber vosso santo mistério,

quando aqueles santos patriarcas e profetas, reis e príncipes, com todo o povo, mostraram tanta devoção e fervor no culto divino?

8. Com religioso transporte dançou o piedosíssimo Rei Davi diante da arca da aliança, em memória dos benefícios concedidos outrora a seus pais; mandou fabricar vários instrumentos musicais, compôs salmos e ordenou que se cantassem com alegria, e ele mesmo os cantava muitas vezes ao som da harpa; ensinou ao povo de Israel a louvar a Deus de todo o coração e engrandecê-lo e bendizê-lo todos os dias, a uma voz. Se tanta era, então, a devoção e o fervor divino diante da arca do testamento, quanta reverência e devoção devo eu ter *agora*, e todo o povo cristão, na presença do Sacramento e na recepção do preciosíssimo corpo de Cristo!

9. Correm muitos a diversos lugares para visitar as relíquias dos santos, e se admiram ouvindo narrar os seus feitos; contemplam os vastos edifícios dos templos e beijam os sagrados ossos, guardados em seda e ouro. E eis que aqui estais presente diante de mim, no altar, vós, meu Deus, Santo dos santos, Criador dos homens e Senhor dos anjos. Em tais visitas, muitas vezes é a curiosidade e a novidade das coisas que movem os homens; e diminuto é o fruto de emenda que recolhem, principalmente quando fazem essas peregrinações com leviandade, sem verdadeira contrição. Aqui, porém, no Sacramento do Altar, vós estais todo presente, Deus e homem, Cristo Jesus; aqui o homem recebe copioso fruto de eterna salvação, todas as vezes que vos recebe digna e devotamente. Aí não nos leva nenhuma leviandade, nem curiosidade ou atrativo dos sentidos, mas sim a fé firme, a esperança devota e a caridade sincera.

10. Ó Deus invisível, Criador do mundo, quão maravilhosamente nos favoreceis, quão suave e ternamente tratais com vossos escolhidos, oferecendo-vos a vós mesmo como alimento, neste sacramento! Isto transcende todo entendimento, isto atrai os corações dos devotos e acende o seu amor. Porque esses teus verdadeiros fiéis, que empregam toda a sua vida na própria emenda, recebem muitas vezes deste augusto sacramento copiosa graça de devoção e amor à virtude.

11. Ó graça admirável e oculta deste sacramento, que só dos fiéis de Cristo é conhecida, mas que os infiéis e escravos do pecado não podem experimentar! Neste sacramento se dá a graça espiritual, recupera a alma a força perdida, refloresce a formosura deturpada pelo pecado. Tamanha é, às vezes, esta graça, que pela abundância da devoção recebida, não só a alma, mas ainda o corpo fraco sente-se munido de maiores forças.

12. É, porém, muito para chorar e lastimar a nossa tibieza e negligência, o pouco fervor em receber a Jesus Cristo, em quem reside toda a esperança e merecimento dos que se hão de salvar. Porque ele é a nossa santificação e redenção, ele é o consolo dos peregrinos e o gozo eterno dos santos. E, assim, é muito para chorar o pouco caso que tantos fazem desse salutar mistério, sendo ele a alegria do céu e a conservação de todo o mundo. Ó cegueira e dureza do coração humano, que tão pouco estima esse dom inefável, antes, com o uso cotidiano que dele faz, chega a cair na indiferença!

13. Pois, se esse augusto sacramento se celebrasse num só lugar e fosse consagrado por um só sacerdote no mundo, com quanto desejo imaginas que acudiriam os homens a visitar aquele lugar e aquele sacerdote a fim de

assistir à celebração dos divinos mistérios? Agora, porém, há muitos sacerdotes e em muitos lugares Cristo é oferecido, para que tanto mais se manifeste a graça e o amor de Deus para com os homens, quanto mais largamente é difundida pelo mundo a Sagrada Comunhão. Graças vos sejam dadas, bom Jesus Pastor eterno, que vos dignais sustentar-nos a nós, pobres e desterrados, com vosso precioso corpo e sangue, e até convidar-nos, com palavras de vossa própria boca, à participação desses mistérios, dizendo: *Vinde a mim todos que penais e estais sobrecarregados, e eu vos aliviarei.*

CAPÍTULO 2

COMO NESTE SACRAMENTO SE MOSTRA AO HOMEM A GRANDE BONDADE E CARIDADE DE DEUS

A Voz do discípulo

1. Confiado, Senhor, na vossa bondade e grande misericórdia, a vós me chego, qual enfermo ao médico, faminto e sequioso à fonte da vida, indigente ao Rei do céu, servo ao Senhor, criatura ao Criador, desconsolado ao meu piedoso Consolador. Mas donde me vem a graça de virdes a mim? Quem sou eu, para que vós mesmos vos ofereçais a mim? Como ousa o pecador aparecer diante de vós? E vós, como vos dignais vir ao pecador? Conheceis vosso servo e sabeis que nenhum bem há nele para que lhe presteis esse benefício. Confesso, pois, minha vileza, reconheço vossa bondade, louvo vossa misericórdia e dou-vos graças por vossa excessiva caridade. Por vós mesmos fazeis isso, não por meus merecimentos, mas

para que vossa bondade me seja mais manifesta, maior caridade me seja infundida e a caridade me seja mais perfeitamente recomendada. Pois que assim vos apraz e assim ordenastes, a mim também me agrada vossa condescendência, e oxalá não ponham estorvo meus pecados!

2. Ó dulcíssimo e benigníssimo Jesus! Louvor vos devo pela participação do vosso sacratíssimo corpo, cuja existência ninguém pode explicar! Mas que hei de pensar nesta comunhão, chegando-me a meu Senhor, a quem não posso devidamente honrar e, todavia, desejo receber com devoção? Que coisa melhor e mais salutar posso pensar, senão humilhar-me totalmente diante de vós e exaltar vossa infinita bondade para comigo? Eu vos louvo, Deus meu, e vos engrandeço para sempre. Desprezo-me e a vós me submeto no abismo de minha vileza.

3. Vós sois o Santo dos santos, e eu a escória dos pecadores. Vós baixais para mim, que não sou digno de levantar os olhos para vós. Vindes a mim, quereis estar comigo, convidais-me ao vosso banquete. Quereis dar-me o alimento espiritual e o pão dos anjos, que outro, na verdade, não é senão vós, pão vivo, que descestes do céu e dais a vida ao mundo.

4. Eis a fonte do amor donde resplandece a vossa misericórdia! Que ações de graças vos são devidas por este benefício! Oh, quão salutar e proveitoso foi o vosso desígnio, em instituir este sacramento! Quão suave e delicioso banquete, em que a vós mesmos vos destes em alimento! Quão admiráveis, Senhor, são vossas obras, quão inefável vossa verdade! Porque dissestes – e tudo se fez, e fez-se aquilo que ordenastes.

5. Coisa maravilhosa e digna de fé e acima de toda compreensão humana é que vós, Senhor, meu Deus, verdadeiro Deus e homem, estejais todo inteiro debaixo

das insignificantes espécies de pão e vinho, e, sem serdes consumido, alimentais aquele que vos recebe. Vós, Senhor do universo, que não precisais de coisa alguma, quisestes morar em nós por vosso Sacramento; conservai meu coração e meu corpo sem mancha, para que com alegre e pura consciência possa muitas vezes celebrar e receber vossos mistérios para minha eterna salvação, visto que os instituístes e ordenastes principalmente para vossa honra e perpétua lembrança.

6. Regozija-te, minha alma, e agradece a Deus tão excelente dádiva e singular consolação que ele te deixou neste vale de lágrimas. Porque todas as vezes que celebrares este mistério e receberes o corpo de Cristo, renovas a obra de tua redenção e te tornas participante de todos os merecimentos de Cristo, pois a caridade de Cristo nunca se diminui, nem se esgota jamais a grandeza de sua propiciação. Por isso, te deves preparar sempre para esse ato pela renovação do espírito, e considerar com atenção este grande mistério de salvação. Tão grande, novo e delicioso se te deve afigurar, quando celebras ou ouves missa, como se Cristo no mesmo dia descesse pela primeira vez ao seio da Virgem e se fizesse homem, ou como se, pendente da cruz, padecesse e morresse pela salvação dos homens.

CAPÍTULO 3

DA UTILIDADE DA COMUNHÃO FREQUENTE

Voz do discípulo

1. Eis que venho a vós, Senhor, para aproveitar-me de vossa munificência, e deliciar-me neste sagrado banquete, que vós, Deus meu, preparastes, na vossa ternura,

para o pobre. Em vós se acha tudo o que posso e devo desejar; vós sois minha esperança, fortaleza, honra e glória. Alegrai, pois, hoje, a alma de vosso servo, porque a vós, Senhor Jesus, levantei a minha alma. Desejo receber-vos agora com devoção e reverência; desejo hospedar-vos em minha casa para que, com Zaqueu, mereça ser abençoado e contado entre os filhos de Abraão. Minha alma suspira por vosso corpo; meu coração deseja ser convosco unido.

2. Dai-vos a mim e estou satisfeito; porque sem vós nada me pode consolar. Sem vós não posso estar, e sem vossa visita não posso viver. Por isso, muitas vezes devo achegar-me a vós e receber-vos para remédio de minha salvação, a fim de não desfalecer no caminho quando estiver privado deste alimento celestial. Assim vós mesmo o dissestes uma vez, misericordiosíssimo Jesus, quando pregáveis e curáveis diversas enfermidades: *Não os quero despedir em jejum, para que não desfaleçam no caminho* (Mt 15,32). Fazei também do mesmo modo comigo, pois ficastes neste sacramento para consolação dos fiéis. Vós sois a suave refeição da alma, e quem dignamente vos receber se tornará participante e herdeiro da glória eterna. A mim, que tantas vezes caio e peco, tão depressa afrouxo e desfaleço, mui necessário me é que, com a oração, confissão e comunhão frequentes, me renove, purifique e afervore, para não abandonar meus santos propósitos, abstendo-me da comunhão por mais tempo.

3. Pois *os sentidos do homem estão inclinados para o mal desde a sua adolescência* (Gn 8,21), e se não o socorre o remédio celestial, logo cai o homem de mal em pior. Porque, se agora, comungando ou celebrando, sou tão negligente e tíbio, que seria se não tomasse este remédio e não buscasse tão poderoso conforto? E ainda que não esteja, todos os

dias, preparado, nem bem-disposto para celebrar, contudo me quero esforçar para, nos tempos convenientes, receber os sagrados mistérios e tornar-me participante de tanta graça. Porque, enquanto a alma fiel, longe de vós, peregrina neste corpo mortal, a única e principal consolação para ela é que muitas vezes se lembre do seu Deus e receba devotamente o seu Amado.

4. Ó maravilhosa condescendência de vossa bondade para convosco, que vós, Senhor Deus, Criador e vivificador de todos os espíritos, vos dignais de vir à minha pobre alma e saciar-lhe a fome com toda a vossa divindade e humanidade! Ó ditoso coração, ó alma bem-aventurada, que merece receber-vos com devoção a vós, seu Deus e Senhor, e nessa união encher-se de gozo espiritual! Oh, que grande Senhor recebe, que amável hóspede agasalha, que agradável companheiro acolhe, que fiel amigo aceita, que formoso e nobre esposo abraça, mais digno de ser amado que tudo o que se ama e deseja! Dulcíssimo Amado meu, emudeçam diante de vós o céu e a terra com todos os seus ornatos; porque tudo o que tem de brilho e beleza é dom de vossa liberalidade e não chega a igualar a glória de vosso nome, *cuja sabedoria não tem medida* (Sl 146,5).

CAPÍTULO 4

DOS ADMIRÁVEIS FRUTOS COLHIDOS PELOS QUE COMUNGAM DEVOTAMENTE

Voz do discípulo

1. Senhor, meu Deus! Preveni vosso servo com as bênçãos de vossa doçura, para que mereça digna e devotamente chegar-me a vosso augusto sacramento. Despertai

meu coração para vós e tirai-me deste profundo entorpecimento. *Visitai-me com vossa graça salutar* (Sl 105,4) para que goze em espírito vossa doçura, que com abundância está oculta neste sacramento, como em sua fonte. Iluminai também meus olhos para contemplar tão alto mistério, e fortalecei-me para crer nele com fé inabalável. Porque é obra vossa, e não de poder humano, sagrada instituição vossa, não invenção dos homens. Ninguém, com efeito, de si mesmo é capaz de conceber e compreender esse mistério, que transcende à própria inteligência dos anjos. Que, pois, poderei eu, pecador indigno, pó e cinza, investigar e compreender de tão alto e sagrado mistério?

2. Senhor, na simplicidade do meu coração, com firme e sincera fé, e obedecendo a vosso mandado, me aproximo de vós com esperança e reverência e creio verdadeiramente que estais presente aqui no Sacramento, Deus e homem, pois quereis que vos receba e me uno convosco em caridade. Por isso, imploro vossa clemência e vos suplico a graça particular de que todo me desfaleça em vós e me consuma em amor, sem mais cuidar de nenhuma outra consolação. Porque este altíssimo e diviníssimo Sacramento é a saúde da alma e do corpo, remédio de toda enfermidade espiritual; cura os vícios, reprime as paixões, vence ou enfraquece as tentações, comunica maior graça, corrobora a virtude nascente, confirma a fé, fortalece a esperança, inflama e dilata a caridade.

3. Muitos bens concedestes e concedeis ainda amiúde aos vossos amigos, neste sacramento, quando devotamente comungam, ó Deus meu, amparo da minha alma, reparador da humana fraqueza e dispensador de toda consolação interior. Porque lhes infundis abundantes consolações contra várias tribulações e os levantais do

abismo do próprio abatimento à esperança da vossa proteção e os recreais e iluminais interiormente com a nova graça, de sorte que os mesmos que, antes da comunhão se sentiam inquietos e sem afeto, depois de recreados com o manjar e a bebida celestiais se sentem melhorados e fervorosos. Tudo isso prodigalizais aos vossos escolhidos para que verdadeiramente conheçam e evidentemente experimentem quanta fraqueza têm em si mesmos e quanta bondade e graça alcançam de vós, pois de si mesmos são frios, tíbios e insensíveis; por vós, porém, tornam-se fervorosos, alegres e devotos. Quem, porventura, se chegará humilde à fonte da suavidade, que não receba dela alguma doçura? Ou quem, junto de um grande fogo, deixará de sentir algum calor? E vós sois a fonte sempre cheia e abundante; o fogo que sempre arde sem jamais se apagar.

4. Por isso, se me não é dado haurir da plenitude desta fonte, nem beber até me saciar, chegarei, todavia, meus lábios ao orifício do canal celeste, a fim de que receba daí ao menos uma gota, para refrigerar minha sede e não morrer de secura. E se não posso ainda ser todo celestial, nem tão abrasado como os querubins e serafins, contudo me empenharei por permanecer na devoção e dispor meu coração, para que pela recepção humilde deste vivificante sacramento receba ao menos uma tênue faísca do divino incêndio. O que me falta, porém, ó bom Jesus, Salvador santíssimo, supri-o pela vossa bondade e graça, pois vos dignastes chamar-nos todos a vós, dizendo: *Vinde a mim todos que penais e estais sobrecarregados, e eu vos aliviarei.*

5. Na verdade, eu trabalho com o suor do meu rosto, sou atormentado com angústias do coração, estou

carregado de pecados, molestado de tentações, embaraçado e oprimido com muitas paixões e não há ninguém que me ajude, livre ou salve, senão vós, Senhor Deus, Salvador meu, a quem me entrego, com tudo o que me pertence, para que me guardeis e leveis à vida eterna. Recebei-me para honra e glória de vosso nome, pois me preparastes para a comida e bebida o vosso corpo e sangue. Concedei-me, Senhor Deus, Salvador meu, que com a frequência de vosso mistério se me aumente o fervor da devoção.

CAPÍTULO 5

DA DIGNIDADE DO SACRAMENTO E DO ESTADO SACERDOTAL

Voz do Amado

1. Ainda que tiveras a pureza dos anjos e a santidade de São João Batista, não serias digno de receber ou administrar este sacramento, porque não é devido a merecimento algum humano que o homem pode consagrar e administrar o Sacramento de Cristo e comer o pão dos anjos. Sublime mistério e grande dignidade dos sacerdotes, aos quais é dado o que aos anjos não foi concedido! Porque só os sacerdotes legitimamente ordenados na Igreja têm o poder de celebrar a missa e consagrar o corpo de Cristo, porquanto é tão somente o ministro de Deus que usa das palavras de Deus, por ordem e instituição de Deus; Deus, porém, é o autor principal e invisível agente, a cujo aceno tudo obedece.

2. Neste augustíssimo sacramento deves, pois, mais crer em Deus onipotente que em teus próprios sentidos

ou em qualquer sinal visível. Por isso deves aproximar-te deste mistério com temor e reverência. Olha para ti e considera que ministério te foi confiado pela imposição das mãos do bispo. Foste ordenado sacerdote e consagrado para o serviço do altar; cuida agora em oferecer a Deus o sacrifício em tempo oportuno, com fé e devoção, e de levar uma vida irrepreensível. Não se te diminui o encargo, ao contrário, estás agora mais apertadamente ligado aos vínculos de disciplina e obrigado a maior perfeição e santidade. O sacerdote deve ser ornado de todas as virtudes de dar aos outros o exemplo de vida santa. Ele não deve trilhar os caminhos vulgares e comuns dos homens, mas a sua convivência seja com os anjos do céu ou com os varões perfeitos na terra.

3. O sacerdote, revestido das vestes sagradas, faz as vezes de Cristo para rogar devota e humildemente a Deus por si e por todo o povo. Traz o sinal da cruz do Senhor no peito e nas costas, para que continuamente se recorde da paixão de Cristo. Diante de si, na casula, traz a cruz, para que considere, com cuidado, os passos de Cristo, e se empenhe de os seguir com fervor. Nas costas também está assinalado com a cruz, para que tolere com paciência, por amor de Deus, qualquer injúria que outros lhe fizeram. Diante de si traz a cruz para chorar os próprios pecados; atrás de si, para deplorar também os alheios, por compaixão, e para que saiba que é constituído medianeiro entre Deus e o pecador. Também não cesse de orar e oferecer o santo sacrifício, até que mereça alcançar graça e misericórdia. Quando o sacerdote celebra a Santa Missa, honra a Deus, alegra os anjos, edifica a Igreja, ajuda os vivos, proporciona descanso aos defuntos e faz-se participante de todos os bens.

CAPÍTULO 6

PERGUNTA CONCERNENTE AO EXERCÍCIO ANTES DA COMUNHÃO

Voz do discípulo

1. Senhor, quando considero vossa dignidade e minha baixeza, tremo de medo e me envergonho diante de mim mesmo. Porque, se me não chego a vós, fujo da vida, e se me apresento indignamente, incorro em vossa indignação. Que farei, pois, Deus meu, meu auxílio e conselheiro em meus apuros?

2. Ensinai-me vós o caminho direto, mostrai-me algum breve exercício. Porque me é útil saber de que modo devo, com devoção e respeito, preparar o meu coração para receber com fruto vosso Sacramento ou celebrar tão grande e divino sacrifício.

CAPÍTULO 7

DO EXAME DA PRÓPRIA CONSCIÊNCIA E PROPÓSITO DE EMENDA

Voz do Amado

1. Antes de tudo cumpre ao sacerdote de Deus, para celebrar, administrar e receber este sacramento, que se aproxime com grandíssima humildade de coração e profundo respeito, com viva fé e piedosa intenção de honrar a Deus. Examina diligentemente a tua consciência, procura limpá-la e purificá-la, quanto puderes, com sincera contrição e humilde confissão, de sorte que nada tenhas

ou saibas que te pese na consciência, que te cause remorsos e te estorve o livre acesso. Detesta todos os teus pecados em geral, e lamenta mais em particular as faltas cotidianas. E, se o tempo o permite, confessa a Deus, no recôndito de teu coração, toda a miséria de tuas paixões.

2. Aflige-te e geme por seres ainda tão carnal e mundano, tão pouco mortificado nas paixões, tão cheio de movimentos de concupiscência, tão pouco recatado nos sentidos exteriores, tão emaranhado em muitas vãs ilusões, tão inclinado às coisas exteriores, tão descurado das interiores; tão dado ao riso e à dissipação, tão duro para as lágrimas e a compunção; tão pronto para os regalos e cômodos da carne; tão indolente para as austeridades e o fervor; tão curioso por ouvir novidades e ver coisas bonitas; tão remisso em abraçar as humildes e desprezadas; tão cobiçoso de possuir muito; tão parco em dar; tão tenaz em guardar; tão indiscreto no falar; tão insofrido no calar; tão desregrado nos costumes; tão precipitado nas orações; tão sôfrego no comer; tão surdo à palavra de Deus; tão ligeiro para o descanso; tão vagaroso para o trabalho; tão atento para conversas fúteis; tão sonolento para as sagradas vigílias; tão pressuroso por chegar ao fim; tão vago na atenção; tão negligente na recitação do ofício divino; tão tíbio na celebração da missa; tão seco na comunhão; tão depressa distraído; tão raramente bem recolhido; tão precipitado à ira; tão fácil de melindrar os outros; tão propenso a julgar; tão rigoroso em repreender; tão alegre nas prosperidades, tão abatido nas adversidades; tão fecundo em boas resoluções, tão preguiçoso em executá-las.

3. Confessados e chorados estes e outros defeitos, com pesar e vivo sentimento de tua própria fraqueza, toma o

firme propósito de emendar tua vida e melhorá-la continuamente. Depois, com plena resignação e inteira vontade, oferece-te a ti mesmo como perpétuo holocausto em honra do meu nome, sobre o altar do teu coração, entregando-me confiadamente teu corpo e tua alma, para que assim mereças oferecer dignamente a Deus o sacrifício e receber com fruto o Sacramento do meu corpo.

4. Pois não há oblação mais digna, nem maior satisfação para expiar os pecados, do que oferecer a si mesmo a Deus, pura e inteiramente, unido à oblação do corpo de Cristo, na missa e na comunhão. Se o homem fizer o que está em seu poder, e se arrepender verdadeiramente de seus pecados, quantas vezes a mim vier pedir graça e perdão, sempre dirá o Senhor: *Por minha vida juro, não quero a morte do pecador, mas que se converta e viva; não mais me lembrarei dos seus pecados, mas todos lhe serão perdoados* (Ez 18,22; 33,11).

CAPÍTULO 8

DA OBLAÇÃO DE CRISTO NA CRUZ E DA PRÓPRIA RESIGNAÇÃO

Voz do Amado

1. Assim como eu a mim mesmo ofereci espontaneamente ao Pai eterno, com os braços estendidos e o corpo nu, de modo que nada restasse em mim que não fosse oferecido em sacrifício de reconciliação divina: assim também deves tu de coração oferecer-te voluntariamente a mim todos os dias na Santa Missa, em oblação pura e santa, com todas as tuas potências e afetos. Que outra coisa exijo de ti senão que te entregues inteiramente a mim?

De tudo que me deres fora de ti, não faço caso; porque não busco teus dons, mas a ti mesmo.

2. Assim como não te bastariam todas as coisas sem mim, assim me não pode agradar o que sem ti me ofereces. Oferece-te a mim, dá-te todo a Deus, e será aceita a tua oblação. Olha como me ofereci todo ao Pai por ti, e dei-te todo o meu corpo e sangue em alimento, para ser todo teu e para que tu te tornasses meu. Se, porém, te apegares a ti mesmo, e não te ofereceres espontaneamente à minha vontade, não será completa tua oblação, nem perfeita a união entre nós. Portanto, a todas as tuas obras deve preceder o voluntário oferecimento de ti mesmo nas mãos de Deus, se desejas alcançar a liberdade e a graça. O motivo de haver tão poucos interiormente esclarecidos e livres é que muitos não sabem abnegar-se de todo a si mesmos. É imutável minha sentença: *Quem não renunciar a tudo não poderá ser meu discípulo* (Lc 14,33). Se desejas, pois, ser meu discípulo, oferece-te a mim com todos os teus afetos.

CAPÍTULO 9

QUE DEVEMOS COM TUDO QUANTO É NOSSO OFERECER-NOS A DEUS E ORAR POR TODOS

Voz do discípulo

1. Senhor, vosso é tudo quanto existe no céu e na terra. Desejo oferecer-me a vós em oblação voluntária e ser vosso para sempre. Senhor, na simplicidade do meu coração me ofereço hoje a vós por servo perpétuo em obséquio e eterno sacrifício de louvor. Recebei-me com este santo sacrifício de vosso precioso corpo, que

vos ofereço hoje na presença dos anjos, que a ele invisivelmente assistem, a fim de que sirva para minha salvação e de todo o povo.

2. Senhor, ofereço-vos sobre vosso altar de propiciação todos os meus pecados e delitos que tenho cometido em vossa presença e de vossos santos anjos, desde o dia em que pela primeira vez pequei até à hora presente, para que os consumais e queimeis no fogo de vossa caridade, também apagueis todas as manchas de meus pecados e purifiqueis minha consciência de toda a culpa e me restituais a vossa graça, que perdi pelo pecado, perdoando-me tudo plenamente e admitindo-me na vossa misericórdia ao ósculo da paz.

3. Que posso eu fazer em expiação dos meus pecados, senão confessá-los humildemente e chorá-los, implorando incessantemente vossa misericórdia? Rogo-vos, meu Deus, ouvi-me propício, aqui onde estou em vossa presença! Detesto sumamente todos os meus pecados, e proponho nunca mais cometê-los; arrependo-me deles e me hei de arrepender enquanto viver; pronto estou a fazer penitência e satisfazer conforme as minhas forças. Perdoai-me, meu Deus, perdoai-me os meus pecados pelo vosso santo nome; salvai minha alma que remistes com vosso precioso sangue. Eis que me abandono à vossa misericórdia e me entrego em vossas mãos. Tratai-me segundo a vossa bondade, não segundo a minha iniquidade e malícia.

4. Ofereço-vos todas as minhas boas obras, por poucas e imperfeitas que sejam, para que vós as emendeis e santifiqueis, e as façais agradáveis a vós e as aperfeiçoeis cada vez mais, e para que me leveis a mim, servo indolente e inútil, a um fim glorioso e bem-aventurado.

5. Ofereço-vos também todos os santos desejos das almas devotas, as necessidades de meus pais, amigos,

irmãos, parentes e de todos os que me são caros, ou me fizeram bem a mim e a outros, por vosso amor; também daqueles que me encomendaram e pediram orações e missas por si e para todos os seus, sejam vivos ou defuntos, para que todos sintam o auxílio da vossa graça, o socorro da vossa consolação, a proteção nos perigos, o alívio das penas e que, livres de todos os males, vos rendam, jubilosos, muitas graças.

6. Ofereço-vos, finalmente, todas as orações e a hóstia de propiciação particularmente por aqueles que de qualquer modo me ofenderam, contristaram, censuraram, prejudicaram ou molestaram. Enfim, por todos a quem eu tenha afligido, perturbado, contrariado ou escandalizado, com palavras ou obras, por ignorância ou com advertência, a fim de que a todos nos perdoeis os nossos pecados e mútuas ofensas. Apartai, Senhor, dos nossos corações toda suspeita, indignação, ira e contenda e tudo que possa ofender a caridade e diminuir o amor fraternal. Compadecei-vos, Senhor, compadecei-vos de todos os que imploram vossa misericórdia; dai graças aos que dela necessitam, e fazei-nos tais, que sejamos dignos de gozar a vossa graça e alcançar a vida eterna. Amém.

CAPÍTULO 10

QUE NÃO SE DEVE DEIXAR POR LEVE MOTIVO A SAGRADA COMUNHÃO

Voz do Amado

1. A miúdo deves recorrer à fonte da graça e divina misericórdia, à fonte de bondade e de toda pureza, para que possas ser curado de tuas paixões e vícios, e merecer

ficar mais forte e vigilante contra todas as tentações e enganos do demônio. Sabendo o inimigo qual é o fruto e o eficacíssimo remédio que se encerra na santa comunhão, procura por todos os modos e em qualquer ocasião impedir e afastar dela, quanto pode, as almas fiéis e piedosas.

2. Pois a muitos sucede que, quando tratam de preparar-se para a santa comunhão, sofrem as piores sugestões de satanás. Esse espírito maligno (como está escrito no Livro de Jó 1,6) mete-se entre os filhos de Deus, para, com sua costumada malícia, perturbá-los ou torná-los demasiadamente tímidos e escrupulosos, a fim de lhes diminuir a devoção ou com suas investidas arrancar-lhes a fé, para que deixem de todo a comunhão ou só se lhe aproximem com tibieza. Mas não se há de fazer caso algum das suas manhas e sugestões, por mais torpes e horríveis que sejam; ao contrário, todas essas fantasias se hão de rechaçar sobre a sua cabeça. Desprezo e irrisão merece esse malvado, e por causa de suas investidas ou inquietações não se há de deixar a comunhão.

3. Muitas vezes também causa embaraço a demasiada preocupação a respeito da devoção ou certo receio da necessária confissão. Procede nisto conforme o conselho dos entendidos, e deixa a ânsia e escrúpulos, porque estorvam a graça de Deus e impedem a devoção da alma. Não deixes a Sagrada Comunhão por qualquer pequena tribulação ou contrariedade, mas vai logo confessar-te e perdoa generosamente aos outros todas as ofensas. Se tu, porém, ofendeste a alguém, pede humildemente perdão e Deus te perdoará de boa vontade.

4. Que aproveita demorar por muito tempo a confissão ou adiar a Sagrada Comunhão? Purifica-te quanto antes, expele já o veneno, apressa-te em tomar o remédio

e achar-te-ás melhor que se por muito tempo o diferes. Se deixas hoje a comunhão, por este ou aquele motivo, talvez que amanhã te sobrevenha outro maior, e assim te podias afastar por muito tempo da comunhão e tornar-te cada vez menos apto. O mais cedo que possas, sacode de ti essa inércia e tibieza, porque nada te aproveita viver muito tempo nessa ânsia e perturbação e privar-te dos divinos mistérios por cotidianos embaraços. Antes prejudica por muito adiar a comunhão por largo tempo; porque isso costuma produzir grave frouxidão. Infelizmente, alguns tíbios e relaxados folgam com os pretextos de adiar a confissão e desejam a demora da comunhão, para não serem obrigados a maior vigilância sobre si mesmos.

5. Ai, que pouco amor e fraca devoção têm aqueles que tão facilmente deixam a Sagrada Comunhão! Quão feliz, porém, e quão agradável a Deus é quem vive tão santamente e guarda a sua consciência em tal pureza, que todos os dias estaria preparado e disposto a comungar, se lhe fosse permitido e o pudesse fazer sem causar reparo! Quando alguém, por humildade ou algum legítimo impedimento, se abstém de comungar uma vez ou outra, merece louvor por tanta reverência. Insinuando-lhe, porém, a tibieza, deve reanimar a si mesmo e fazer o que puder, e Deus auxiliará o seu desejo, atendendo à boa vontade, que especialmente aprecia.

6. Quando for, porém, legitimamente impedido, conserve ao menos a boa vontade e piedosa intenção de comungar e, desse modo, não ficará privado do fruto do Sacramento. Porque todo cristão piedoso pode cada dia e a cada hora, sem embaraço e com proveito, comungar espiritualmente. Contudo, em certos dias e tempo determinado, deve receber com afetuosa reverência o corpo de

seu Redentor no Sacramento, e nisto ter em vista mais a honra e glória de Deus, que sua própria consolação. Porque espiritualmente comunga e invisivelmente é recreado, todas as vezes que medita devotamente no mistério da encarnação de Cristo e da sua paixão, e se acende em seu amor.

7. Quem se prepara somente quando uma festa se aproxima ou o costume o obriga, muitas vezes se achará mal preparado. Bem-aventurado aquele que se oferece a Deus em holocausto, todas as vezes que celebra a Santa Missa ou comunga! Não sejas, ao celebrar, nem demasiadamente demorado, nem apressado, mas guarda o uso comum e regular daqueles com quem vives. Não deves causar incômodo ou enfado aos demais; mas seguir o caminho traçado pela instituição dos maiores e atender antes ao proveito alheio que à tua própria devoção e afeto.

CAPÍTULO 11

QUE O CORPO DE CRISTO E A SAGRADA ESCRITURA SÃO SUMAMENTE NECESSÁRIOS À ALMA FIEL

Voz do discípulo

1. Ó dulcíssimo Senhor Jesus, quão grande é a doçura de uma alma devota que toma parte no vosso banquete, no qual outro manjar não há que se lhe ofereça, senão vós mesmo, seu único amado, suprema aspiração de todos os desejos de seu coração! Também a mim seria doce derramar em vossa presença lágrimas do mais terno amor e com a piedosa Madalena banhar os vossos pés

com meu pranto; mas onde está essa devoção, onde essa copiosa efusão de santas lágrimas? Por certo, na vossa presença e na dos santos anjos, meu coração devia inteiramente ficar abrasado e chorar de alegria, pois vos tenho verdadeiramente presente no Sacramento, embora oculto sob estranhas espécies.

2. Contemplar-vos na vossa própria e divina claridade – não poderiam suportar meus olhos; nem o mundo todo poderia subsistir perante o fulgor de vossa majestade. Por isso, viestes em socorro à minha fraqueza, em vos ocultando debaixo do Sacramento. Possuo realmente e adoro aquele a quem os anjos do céu adoram; mas eu, por enquanto, só pela fé, eles, porém, com clara visão e sem véu. Eu me devo contentar com a luz da verdadeira fé e nela caminhar até que amanheça o dia da claridade eterna e desapareçam as sombras das figuras. *Mas, quando vier o que é perfeito* (1Cor 13,10), cessará o uso dos sacramentos; porque os bem-aventurados na glória celeste não necessitam do remédio sacramental. Gozam sem fim da presença de Deus, contemplando a sua glória face a face, e, transformados de claridade em claridade no abismo da divindade, fruem a visão do Verbo de Deus encarnado, como foi no princípio e permanecerá para sempre.

3. Ao lembrar-se dessas maravilhas, qualquer consolação me causa tédio; porque, enquanto não vejo claramente o meu Senhor em sua glória, em nada estimo tudo o que neste mundo vejo e ouço. Vós, meu Deus, me sois testemunha de que nenhuma coisa me pode consolar, nem criatura alguma sossegar-me, senão vós, meu Deus, a quem desejo contemplar eternamente. Mas isso não é possível enquanto vivo nesta vida mortal. Por isso, me

convém ter grande paciência e submeter-me a vós em todos os meus desejos. Porque também os vossos santos, Senhor, que exultam agora convosco no Reino dos Céus, esperavam durante a sua vida terrestre, com muita fé e paciência, a vinda da vossa glória. O que eles creram, eu o creio também; o que eles esperaram, eu o espero; aonde eles chegaram, espero que hei de chegar também, pela vossa graça. Até então, caminharei na fé, confortado com os exemplos dos santos. Terei ainda os livros santos para consolo e espelho de minha vida e sobretudo terei vosso corpo sagrado como singular remédio e excelente refúgio.

4. Reconheço que neste mundo duas coisas me são sobretudo necessárias, sem as quais me seria insuportável esta miserável vida. Confesso que, enquanto estou detido no cárcere deste corpo, necessito de duas coisas: alimento e luz. Por isso, me destes, Senhor, a mim, fraco, o vosso sagrado corpo para sustento da alma e do corpo, e *pusestes a vossa palavra qual cadeia diante de meus pés* (Sl 118,105). Sem estas duas coisas não poderia bem viver; porque a Palavra de Deus é a luz da minha alma e vosso Sacramento o pão de vida. Podem ser chamadas duas mesas, colocadas de um e outro lado do tesouro da Santa Igreja. Uma é a mesa do santo altar, onde está o pão sagrado, isto é, o corpo de Cristo. A outra é a mesa da lei divina, que contém a doutrina santa, nos ensina a verdadeira fé e nos conduz com segurança atrás do véu do santuário, onde está o Santo dos santos. Graças vos dou, Senhor Jesus, luz da luz eterna, pela mesa da sagrada doutrina que nos ministrastes por vossos servos, os profetas, apóstolos e outros santos doutores.

5. Graças vos dou, Criador e Redentor dos homens, que, para dar a todo o mundo uma prova do vosso amor, preparastes uma grande ceia, onde oferecestes em comida, não já o cordeiro figurativo, senão vosso santíssimo corpo e sangue, enchendo de alegria todos os fiéis com este sagrado banquete, e inebriando-os com o cálice da salvação, onde se encerram todas as delícias do paraíso e juntamente convosco se banqueteiam os santos e anjos, mas com mais suaves delícias.

6. Oh, quão grande e venerável é o ministério dos sacerdotes, aos quais é dado consagrar com palavras santas o Senhor de majestade, bendizê-lo com os lábios, tocá-lo com as mãos, recebê-lo em suas bocas e distribuí-lo aos outros! Oh, como lhes devem ser limpas as mãos, pura a boca, santo o corpo, imaculado o coração, em que tantas vezes entra o Autor da pureza! Da boca do sacerdote, que tantas vezes recebe o Sacramento de Cristo, palavra não deve sair que não seja santa, honesta e útil.

7. Seus olhos, que costumam contemplar o corpo de Cristo, devem ser modestos e castos. Puras e erguidas aos céus sejam também suas mãos, que tantas vezes tocam o Criador do céu e da terra. Especialmente aos sacerdotes se diz, na lei: *Sede santos, que também eu, o Senhor vosso Deus, sou santo* (Lv 19,2; 1Pd 1,16).

8. Assista-nos vossa graça, ó Deus onipotente, para que nós, que assumimos o ministério sacerdotal, possamos digna e devotamente servir-vos com toda pureza e boa consciência. E, se não podemos viver com tanta inocência, como devemos, concedei-nos ao menos a graça de chorar devidamente os pecados cometidos e doravante vos servir com mais fervor, no espírito de humildade, com firme propósito e boa vontade.

CAPÍTULO 12

QUE A ALMA SE DEVE PREPARAR COM GRANDE DILIGÊNCIA PARA A SAGRADA COMUNHÃO

Voz do Amado

1. Sou amigo da pureza e dispensador de toda santidade. Busco um coração puro, e este é o lugar do meu repouso. Prepara-me um cenáculo grande e bem ornado, e nele celebrarei a Páscoa com meus discípulos (Lc 22,12; Mt 26,18). Se queres que eu venha a ti e fique contigo, lança fora o velho fermento e limpa a morada do teu coração. Desterra dele o mundo todo e o tumulto dos vícios; assenta-te, qual passarinho solitário, no telhado, e relembra teus pecados na amargura de tua alma (Sl 101,8). Porque todo amante prepara para o seu amado o melhor e mais belo aposento, porque nisto se conhece o amor de quem acolhe o amado.

2. Sabe, porém, que não podes chegar a uma digna preparação com aquilo que fazes, ainda que empregasses nela um ano inteiro, sem cuidar em mais nada. Mas só por minha bondade e graça te é permitido chegar à minha mesa, como se um mendigo fora convidado à mesa de um rico e não tivera outra coisa com que pagar os benefícios recebidos, senão humilde agradecimento. Faze o que podes, e faze-o com diligência; não por costume ou por necessidade, mas por temor, respeito e amor, recebe o corpo do teu amado Senhor e Deus, que se digna de te visitar. Sou eu quem te chamou e mandou que assim se fizesse; eu suprirei o que te falta; vem receber-me.

3. Quando te concedo a graça da devoção, dá graças a teu Deus, não que sejas digno, mas porque tive pena de ti.

Se não tens devoção, mas te sentes muito seco, persevera na oração, suspira, bate à porta e não cesses até que mereças receber uma migalha ou uma gota de minha graça salutar. Tu necessitas de mim, e não eu de ti. Não vens tu me santificar a mim, mas sou eu que te venho santificar e fazer melhor. Tu vens para que, santificado por mim e a mim unido, recebas nova graça e de novo te afervores para a emenda. *Não desprezes esta graça* (1Tm 4,14); mas dispõe com toda diligência teu coração e recebe nele o teu Amado.

4. Importa, porém, que não só te prepares para a devoção antes da comunhão, mas também que a conserves cuidadosamente depois da recepção do Sacramento. Não é menor a vigilância que se exige depois da comunhão, do que a fervorosa preparação antes de recebê-la. Pois essa boa vigilância posterior é novamente a melhor preparação para alcançar maior graça; ao contrário, muito indisposto se torna quem logo depois se dissipa com recreações exteriores. Guarda-te de falar muito, retira-te na solidão e goza do teu Deus; pois possuis aquele que o mundo todo não te pode roubar. A mim te deves entregar inteiramente, de sorte que já não vivas em ti, mas em mim, sem mais cuidado algum.

CAPÍTULO 13

QUE A ALMA DEVOTA DEVE ASPIRAR, DE TODO O CORAÇÃO, À UNIÃO COM CRISTO NO SACRAMENTO

Voz do discípulo

1. Quem me dera, Senhor, achar-me só convosco, para vos abrir todo o meu coração e vos gozar como deseja a

minha alma a ponto que já ninguém em mim reparasse, nem criatura alguma se preocupasse comigo ou olhasse para mim, mas que só vós me falásseis e eu a vós, como costuma falar o amante com seu amado, e conversar o amigo com seu amigo! Isto peço, isto desejo: ser unido todo a vós e desprender o meu coração de todas as coisas criadas, e pela Sagrada Comunhão e frequente celebração da Santa Missa achar cada vez mais gosto nas coisas celestiais e eternas. Ah! Senhor meu Deus, quando estarei todo unido a vós, absorto em vós, e completamente esquecido de mim? Vós em mim e eu em vós; concedei que fiquemos assim unidos!

2. Vós sois na verdade *meu amado, escolhido entre milhares* (Ct 5,10), no qual deseja a minha alma morar todos os dias de sua vida. Vós sois verdadeiramente meu rei pacífico; em vós está a suma paz e o verdadeiro descanso, e fora de vós só há trabalho, dor e infinita miséria. "Vós sois verdadeiramente um Deus escondido" (Is 45,15), e vosso conselho não é com os ímpios, mas com os humildes, e simples é vossa conversação. *Quão suave, Senhor, é vosso espírito.* Para mostrardes a vossa doçura aos vossos filhos, vos dignais saciá-los com o pão suavíssimo que desceu do céu. *Na verdade, não há outra nação tão grande que tenha seus deuses tão perto de si, como vós, nosso Deus, estais perto de todos os fiéis* (Dt 4,7), aos quais vos dais em alimento delicioso para consolá-los diariamente e erguer seus corações ao céu.

3. Que nação há tão ilustre como o povo cristão, ou que criatura debaixo do céu recebe tanto amor como a alma devota a quem Deus se une para nutri-la com a sua gloriosa carne? Ó graça inefável, ó admirável condescendência, ó amor imenso, prodigalizado singularmente ao homem. Mas que darei ao Senhor por esta graça e tão

exímia caridade? Oferta mais agradável não posso fazer a meu Deus, que lhe entregar meu coração todo inteiro, para que o una intimamente consigo. Então, exultarão de alegria todas as minhas entranhas, quando minha alma estiver perfeitamente unida com Deus. Então me dirá ele: Se tu queres estar comigo, eu também quero estar contigo. E eu lhe responderei: Dignai-vos, Senhor, ficar comigo, pois eu de bom grado quero estar convosco. Este é meu desejo supremo, que meu coração esteja unido convosco.

CAPÍTULO 14

DO ARDENTE DESEJO QUE TÊM ALGUNS DEVOTOS DE RECEBER O CORPO DE CRISTO

Voz do discípulo

1. Oh, como é grande, Senhor, a abundância da vossa doçura, que reservastes para os que vos temem! (Sl 30,20). Quando me lembro, Senhor, de alguns devotos que se aproximam do vosso Sacramento com o maior fervor e afeto, fico muitas vezes confuso e envergonhado de mim mesmo, por chegar tão tíbio e frio ao vosso altar e à mesa da Sagrada Comunhão; por ficar tão seco e sem fervor de coração; por não estar de todo abrasado diante de vós, meu Deus, nem tão veementemente atraído e comovido, como estavam muitos devotos, que, pelo grande desejo de Sagrada Comunhão e amor sensível do seu coração, não podiam reprimir as lágrimas, mas com a boca da alma e do corpo ao mesmo tempo suspiravam ardentemente por vós, a fonte viva, não podendo mitigar nem saciar essa fome doutro modo, senão recebendo vosso corpo com toda alegria e ânsia espiritual.

2. Oh, esta fé verdadeira e ardente é prova manifesta de vossa sagrada presença! Estes verdadeiramente reconhecem seu Senhor ao partir do pão, porque seu coração está em companhia deles. Longe está de mim tal devoção e ternura, tão vivo amor e fervor. Sede-me propício, ó bom, ó doce, ó benigno Jesus, e concedei a este vosso pobre mendigo que sinta ao menos alguma vez na Sagrada Comunhão um pouco do afeto cordial do vosso amor, para que se fortaleça minha fé, cresça minha esperança em vossa bondade, a minha caridade, uma vez bem acesa e acostumada ao celestial maná, jamais desfaleça.

3. Vossa misericórdia é bastante poderosa para me dar a graça desejada e visitar-me em vossa clemência, no dia que vos aprouver, com o espírito de fervor. Pois ainda que não esteja aceso de tão ardentes desejos, como vossos privilegiados devotos, sinto, todavia, com a vossa graça, o desejo de seus abrasados desejos, e peço e rogo o favor de participar do fervor de todos esses vossos amigos e ser agregado à sua santa companhia.

CAPÍTULO 15

QUE A GRAÇA DA DEVOÇÃO SE ALCANÇA PELA HUMILDADE E ABNEGAÇÃO DE SI MESMO

Voz do Amado

1. Com perseverança deves buscar a graça da devoção, pedi-la com instância, esperá-la com paciência e confiança, recebê-la com agradecimento, guardá-la com humildade, com diligência aproveitá-la, cometendo a Deus o tempo e o modo da celestial visita, até que

se digne visitar-te. Deves principalmente humilhar-te quando pouca ou nenhuma devoção sentes em teu interior, sem, todavia, ficar abatido ou entristecer-te demasiadamente. Muitas vezes dá Deus num momento o que negou por largo tempo, e às vezes concede no fim da oração o que no princípio diferiu.

2. Se a graça fora sempre prontamente outorgada e oferecida à vontade, tanto não podia suportar o homem fraco. Por isso a deves esperar com firme confiança e humilde paciência. Mas atribui a culpa a ti e aos teus pecados, quando te for negada ou ocultamente retirada. Às vezes é bem pouco o que impede ou oculta a graça, se é que se pode chamar pouco e não muito, o que priva de tão grande bem. E se removeres esse pequeno ou grande impedimento, e se te venceres perfeitamente, terás o que pediste.

3. Porque logo que de todo o teu coração te entregares a Deus e não buscares coisa alguma a teu gosto e desejo, mas inteiramente te puseres em suas mãos, achar-te-ás unido a ele e sossegado, e nada te será tão delicioso e agradável como o beneplácito da divina vontade. Todo aquele, pois, que com coração singelo dirige a sua intenção a Deus e se desprende de todo amor ou aversão desordenada a qualquer coisa criada, está bem-disposto para receber a graça e digno de alcançar a devoção, porque o Senhor dá a sua bênção onde encontra o coração vazio. E quanto mais perfeitamente alguém renuncia às coisas terrenas e morre a si pelo desprezo de si mesmo, tanto mais depressa lhe advém a graça, mais copiosamente se lhe infunde e mais alto lhe ergue o coração livre.

4. *Então verá, terá alegria abundante e estará maravilhoso; o coração se lhe dilatará, porque a mão do Senhor está com ele* (Is 60,5), e em suas mãos ele inteiramente se entregou

para sempre. *Eis como será abençoado o homem que busca a Deus de todo o seu coração, e não deixa sua alma se apegar às vaidades* (Sl 23,5). Esse é que na recepção da Sagrada Eucaristia merece a graça inefável da união com Deus, porque não olha para a sua devoção e consolação, mas sobretudo busca a honra e glória de Deus.

CAPÍTULO 16

COMO DEVEMOS DESCOBRIR NOSSAS NECESSIDADES A CRISTO E PEDIR SUA GRAÇA

Voz do discípulo

1. Ó dulcíssimo e amabilíssimo Senhor, a quem desejo agora devotamente receber, vós conheceis minha fraqueza e a necessidade que sofro; sabeis em quantos males e vícios estou emaranhado, quantas vezes estou oprimido, tentado, perturbado e manchado! A vós peço consolação e alívio. Convosco falo, meu Deus, que sabeis todas as coisas e a quem são manifestos todos os segredos do meu coração; vós sois o único que me pode perfeitamente consolar e socorrer. Sabeis os bens de que mais necessito e quão pobre sou em virtudes.

2. Eis-me aqui, diante de vós, pobre e nu, a pedir graça e implorar misericórdia. Fartai este vosso pobre mendigo, aquecei minha frieza com o fogo de vosso amor, iluminai minha cegueira com a claridade de vossa presença. Fazei que me seja amargo tudo o que é terreno, que leve com paciência as penas e contrariedades, e que despreze e esqueça todas as coisas caducas e criadas. Levantai o meu coração a vós no céu, não me deixeis vaguear na terra. Só vós, desde hoje para sempre, me sereis doce e agradável,

porque só vós sois minha comida e bebida, meu amor e minha alegria, delícia minha e meu único bem.

3. Oh, se me inflamásseis todo com a vossa presença e me abrasásseis e transformásseis em vós, a ponto de tornar-me um só espírito convosco pela graça da união interior e a força do ardente amor! Não me deixeis sair de vossa presença seco e faminto, mas usai para comigo de vossa misericórdia, como tantas vezes admiravelmente fizestes com vossos santos. E que maravilha fora se todo me abrasasse em vós e me consumisse, sendo vós o fogo que sempre arde e nunca se apaga, o amor que purifica os corações e ilumina o entendimento?

CAPÍTULO 17

DO ARDENTE AMOR E VEEMENTE DESEJO DE RECEBER A CRISTO

Voz do discípulo

1. Com suma devoção e abrasado amor, com todo o afeto e fervor do coração, desejo receber-vos, Senhor, como muitos santos e pessoas devotas o desejaram, os quais vos agradaram principalmente pela santidade de sua vida e pela ardentíssima devoção que os animava. O Deus meu, amor eterno, meu único bem, bem-aventurança interminável, desejo receber-vos com o mais ardente afeto e a mais digna reverência que jamais sentiu ou pôde sentir santo algum!

2. E ainda que seja indigno de todos esses sentimentos de devoção, ofereço-vos, todavia, o afeto do meu coração, como se eu só tivera todos aqueles gratíssimos e inflamados desejos. Mas tudo quanto pode conceber e desejar

um coração piedoso, eu vos dou e ofereço com profunda reverência e íntimo fervor. Nada quero reservar para mim, mas a mim, e tudo que é meu, quero sacrificar-vos espontaneamente, de boa vontade, Senhor, Deus meu, Criador e Redentor meu! Desejo receber-vos hoje com tal afeto e reverência, com tal louvor e honra, com tal agradecimento, dignidade e pureza, com tal fé, esperança e amor, como vos desejou e recebeu vossa Mãe Santíssima, a gloriosa Virgem Maria, quando, ao anjo que lhe anunciou o mistério da encarnação, humilde e devotamente respondeu: *Eis a serva do Senhor, faça-se em mim segundo a vossa palavra!* (Lc 1,38).

3. E como vosso bem-aventurado precursor João Batista, o mais excelente dos santos, quando ainda estava nas entranhas maternas, exultou de alegria na vossa presença por impulso do Espírito Santo, e vendo-vos, meu Jesus, depois andar entre os homens com profunda humildade e devoto afeto dizia: *O amigo do Esposo que está perto dele e o ouve regozija-se ouvindo a voz do Esposo* (Jo 3,29); assim também eu quisera ser inflamado de veementes e santos desejos e entregar-me a vós de todo o meu coração. Por isso vos ofereço o júbilo de todas as almas devotas, seus abrasados afetos de amor, os êxtases de seu espírito, suas iluminações sobrenaturais e visões celestiais, e vo-las apresento com todas as virtudes e louvores que vos tributaram ou hão de tributar todas as criaturas do céu e da terra, por mim e por todos os que se recomendaram às minhas orações, para que sejais por todos dignamente louvado e para sempre glorificado.

4. Aceitai, Senhor, Deus meu, os votos e desejos de infinitos louvores e imensas ações de graças, que vos são justamente devidas, segundo a vossa inefável grandeza. Isso

vos ofereço, e desejo oferecer cada dia e a cada momento, e convido com minhas súplicas e rogos todos os espíritos celestes e todos os vossos fiéis a vos agradecerem comigo e louvarem.

5. Louvem-vos todos os povos, tribos e línguas; com suma alegria e ardente devoção glorifiquem o vosso santo e dulcíssimo nome. E todos aqueles que com devoção e reverência consagram vosso augusto Sacramento e com viva fé o recebem, mereçam achar graça e misericórdia diante de vós e peçam a Deus humildemente por mim, pecador. E quando tiverem conseguido a desejada devoção e o gozo da união convosco e voltarem da mesa sagrada, consolados e maravilhosamente recreados, dignem-se lembrar-se também deste pobre.

CAPÍTULO 18

QUE O HOMEM NÃO SEJA CURIOSO ESCRUTADOR DO SACRAMENTO, MAS HUMILDE IMITADOR DE CRISTO, SUJEITANDO SUA RAZÃO À SANTA FÉ

Voz do Amado

1. Foge do desejo curioso e inútil de investigar este profundíssimo mistério, se não te queres afogar num abismo de dúvidas. *Quem quer perscrutar a majestade será oprimido por sua glória* (Pr 25,27). Mais pode Deus fazer, que o homem compreender. Contudo, é permitida uma piedosa e humilde investigação da verdade, que sempre está inclinada a ser instruída e segue a sã doutrina dos Santos Padres.

2. Bem-aventurada a simplicidade, que deixa os caminhos dificultosos das discussões para andar no caminho

plano e firme dos mandamentos de Deus! Muitos perderam a devoção, porque quiseram investigar coisas muito altas. O que se exige de ti é fé e inocência, não sublime inteligência, nem profundo conhecimento dos mistérios de Deus. Se não entendes, nem compreendes as coisas que estão abaixo de ti, como alcançarás as que estão acima? Sujeita-te a Deus e submete teu juízo à fé, e se te dará à luz da ciência, conforme te for útil e necessário.

3. Alguns são gravemente tentados acerca da fé, nesse sacramento; mas isso não se deve imputar a eles, senão ao inimigo. Não te importes, nem disputes com teus próprios pensamentos, nem respondas às dúvidas que o demônio te sugere, mas crê nas palavras de Deus, crê nos seus santos e profetas, e fugirá de ti o malvado inimigo. Muitas vezes é de grande proveito ao servo de Deus passar por tais provações, porque o demônio não tenta aos infiéis e pecadores, que já tem seguros: aos fiéis devotos, porém, ele tenta e molesta de vários modos.

4. Persevera, pois, na fé, firme e simples, e chega-te ao Sacramento com profunda reverência. E quanto ao que não podes compreender, encomenda-o tranquilamente a Deus onipotente. Deus não te engana; mas se engana quem demasiadamente confia em si mesmo. Deus anda com os simples, revela-se aos humildes, dá inteligência aos pequenos, abre o sentido às almas puras e esconde sua graça aos curiosos e soberbos. A razão humana é fraca e pode enganar-se, mas a fé verdadeira não se pode enganar.

5. Toda razão e pesquisa natural deve seguir a fé, não precedê-la, nem enfraquecê-la, porque a fé e o amor aqui dominam e operam ocultamente nesse santíssimo e diviníssimo Sacramento. *Deus eterno, imenso e infinitamente poderoso faz coisas grandes e incompreensíveis no céu e na terra*

(Jó 5,9), e ninguém pode penetrar as maravilhas de suas obras. Se fossem tais as obras de Deus, que facilmente as compreendesse a razão humana, não deveriam ser chamadas maravilhosas, nem inefáveis.

Índice alfabético

A

Abnegação – de si mesmo a exemplo de Cristo. Livro III, cap. 56, 1, 3-4.

quão raro se encontra. Livro II, cap. 11, 3.

comunica a graça da devoção. Livro IV, cap. 15.

encerra a perfeição. Livro III, cap. 32, 1; cap. 37.

Adversidades – sua utilidade. Livro I, cap. 12.

Afeições – desordenadas perturbam a paz. Livro I, cap. 6.

Agradecimento – pela graça de Deus. Livro II, cap. 10.

Alegria – verdadeira só há em Deus. Livro III, cap. 16.

no serviço de Deus. Livro III, cap. 10.

da boa consciência. Livro II, cap. 6.

Amizade – nada vale sem Jesus. Livro II, cap. 42. Amor – de Jesus, sobre todas as coisas. Livro II, cap. 7 – efeitos do amor divino. Livro III, cap. 5.

do próximo. Livro I, cap. 16.

próprio. Livro III, cap. 27.

Angústias – desta vida. Livro III, cap. 30.

Aproveitamento – em que consiste. Livro III, cap. 25.

Avareza – perturba a paz do coração. Livro I, cap. 6.

B

Benefícios – de Deus. Livro III, caps. 21 e 40.

Beneplácito – de Deus. Livro III, cap. 15.

Bens – eternos. Livro III, cap. 49. – terrenos. Livro III, cap. 53.

C

Caminho – da cruz. Livro II, cap. 12.

Caridade – deve inspirar as boas obras. Livro I, cap. 15.

Cegueira – humana. Livro II, cap. 5.

Ceia – deve ser guardada. Livro I, cap. 20, 5.

Ciência – a vã ciência do século. Livro III, cap. 48.
e humildade. Livro I, cap. 2, 1, 2.

Cristo – sua vida. Livro I, cap. 1, 1-2.
nosso caminho. Livro III, caps. 17 e 56.
sua paixão. Livro II, cap. 1, 3, 5.

Conhecimento – próprio. Livro I, cap. 3.

Comunhão – seu fruto. Livro IV, cap. 4.
utilidade da comunhão frequente. Livro IV, cap. 10.
não deve ser deixada por leve motivo. Livro IV, cap. 10.
preparação à santa comunhão. Livro IV, caps. 1, 3, 4, 8 e 12.
ação de graças depois da comunhão. Livro IV, caps. 9,
11 e 12.

Compunção – do coração. Livro I, caps. 20, 5; 21.

Concupiscência – deve ser refreada. Livro III, caps. 12,
4,5; 35, 2.

Confiança – em Deus. Livro II, cap. 1, 3; Livro III, caps. 9
e 30.
em si e nas criaturas. Livro I, cap. 7.

Consciência – boa gera alegria. Livro II, cap. 6.
o exame antes da comunhão. Livro IV, cap. 7.

Consideração – de si mesmo. Livro II, cap. 5.

Consolação – não se há de buscar nas criaturas. Livro I,
cap. 25, 10.
mas só em Deus. Livro III, cap. 16.
privação de toda consolação. Livro II, cap. 9.
a graça da consolação, segundo o beneplácito de Deus.
Livro III, cap. 30, 4, 5.

o homem não se repute digno de consolação. Livro III, cap. 52.

Coração – do homem – quão instável. Livro III, cap. 33, 1.
Criaturas – desprezo das criaturas. Livro III, caps. 30 e 42.
não nos fazem felizes. Livro III, cap. 16, 2; Livro I, cap. 25,10.
foge às criaturas. Livro III, cap. 26, 2.

Cruz – poucos são os que amam a cruz. Livro II, cap. 11.
estrada real da santa cruz. Livro II, cap. 12.

Curiosidade – na inquirição da vida alheia. Livro III, cap. 24.

D

Defeitos – dos outros devem ser tolerados. Livro I, cap. 14; Livro II, cap. 3, 2.
não nos devem desanimar. Livro III, cap. 57.

Delícia – que se encontra em Deus. Livro III, cap. 34.

Desânimo – quando caímos em faltas. Livro III, cap. 57.

Descanso – em Deus. Livro III, cap. 22.

Desejos – como devemos examiná-los. Livro III, cap. 11.
devem-se oferecer a Deus. Livro III, cap. 15.

Desconsolado – deve refugiar-se a Deus. Livro III, cap. 50.
da privação de toda consolação. Livro II, cap. 9.

Desprezo – das coisas exteriores. Livro II, cap. 1.
da honra temporal. Livro III, cap. 41.
de si mesmo. Livro II, cap. 2.

Deus – suas palavras devem ser ouvidas com humildade. Livro III, cap. 3.
andar perante Deus com humildade. Livro III, cap. 4.
tudo deve ser referido a Deus. Livro III, caps. 9 e 33.
é doce servir a Deus. Livro III, cap. 10.
os juízos ocultos de Deus. Livro III, cap. 14.

só em Deus se acha a consolação. Livro III, cap. 21.

descansar em Deus sobre todos os bens. Livro III, cap.21.

recordação dos benefícios de Deus. Livro III, cap. 22.

devemos invocar a Deus perante a tribulação. Livro III, cap. 29.

é delicioso a quem o ama. Livro III, cap. 34.

Devoção – que se alcança pela humildade. Livro IV, cap. 15.

oração para pedir a graça da devoção. Livro III, cap. 3, 5.

deve ser oculta sob a guarda da humildade. Livro III, cap. 7.

Doutrina – de Jesus excede a dos santos. Livro I, cap. 1, 2.

E

Efeito – admirável do amor divino. Livro III, cap. 5.

Eficácia – da divina graça. Livro III, cap. 55.

Emenda – da vida. Livro I, cap. 25.

propósito de emenda. Livro I, cap. 22, 5.

Ensinamentos – da verdade. Livro I, cap. 3.

Escritura – leitura. Livro I, cap. 5, 1-2.

necessidade. Livro IV, cap. 11, 4, 5.

Escrutar – não devemos escrutar as coisas mais altas. Livro III, cap. 58.

que o homem não seja curioso escrutador do SS. Sacramento. Livro IV, cap. 18.

Esperança – da vida eterna. Livro III, cap. 47, 1-3.

Estima – vil de si mesmo. Livro III, caps. 8 e 52.

Estrada – real da Santa Cruz. Livro II, cap. 12.

Eucaristia – vide Sacramento.

Exame – de consciência. Livro I, cap. 19, 4.

Exemplos – dos Santos Padres. Livro I, cap. 18.

Exercícios – do bom religioso. Livro I, cap. 19.

F

Fala – interior de Jesus. Livro III, cap. 1.

Familiaridade – com Jesus. Livro II, cap. 8.

com outros é perigosa. Livro I, cap. 8.

Fé – necessidade da fé. Livro IV, cap. 18.

Fervor – torna tudo fácil. Livro I, cap. 25, 11.

Fim – último é Deus. Livro III, cap. 9.

Fragilidade – do homem. Livro I, cap. 22.

Fuga – da vã esperança. Livro I, cap. 27.

G

Glória – dos santos. Livro III, cap. 47, 3.

eterna. Livro III, cap. 48.

o homem em nada se deve gloriar. Livro III, cap. 40.

Graça – eficácia da graça. Livro III, cap. 55.

necessidade. Livro III, cap. 14, 1, 2.

movimentos da graça. Livro III, cap. 54.

não se comunica aos mundanos. Livro III, cap. 53.

o que se há de fazer, quando ausente. Livro II, cap. 9, 5-6.

deve-se ocultar a graça. Livro III, cap. 7.

agradecimento pela graça. Livro II, cap. 10.

Gratidão – pela graça de Deus. Livro II, cap. 10.

H

Homem – interior. Livro II, cap. 1.

Honra – temporal. Livro III, cap. 41.

Humildade – no desejo de saber. Livro I, cap. 2, 1-2.

no pensar de si mesmo. Livro I, cap. II, 3-4; Livro III, caps. 8 e 14, 3-4.

humilde submissão. Livro II, cap. 2.

no ouvir a palavra de Deus. Livro III, caps. 3 e 4.

guarda a graça. Livro III, cap. 7.

os humildes gozam a paz. Livro II, cap. 6, 1.

aos humildes se dá a graça da devoção. Livro IV, cap. 15.

I

Imitação – da vida de Cristo. Livro I, cap. 1; Livro III, cap. 56.

Impaciência – nos negócios. Livro III, cap. 39.

Imperfeições – veja Defeitos.

Inferno – penas do inferno. Livro I, cap. 24, 3-4.

Injúrias – sofrimento das injúrias. Livro III, cap. 19.

Inquirição – curiosa da vida alheia. Livro III, cap. 24.

Instabilidade – do coração. Livro III, cap. 23, 1.

Intenção – simples. Livro II, cap. 4.
final. Livro III, caps. 9 e 33.

J

Jesus – amor de Jesus. Livro II, cap. 7.
amizade familiar com Jesus. Livro II, cap. 8.

Juízo – universal. Livro I, cap. 24.
profundeza dos juízos de Deus. Livro III, cap. 14.
as penas que seguem o juízo. Livro III, cap. 14, 3.
não devemos escrutar os juízos de Deus. Livro III, cap. 58.
o juízo temerário. Livro I, cap. 14.
os vãos juízos dos homens. Livro III, cap. 34.

Julgamento – universal. Livro I, cap. 24.

L

Leitura – da Sagrada Escritura. Livro I, cap. 5, 1-2; Livro IV, cap. 6, 1.

Liberdade – de espírito. Livro III, cap. 25.
dos filhos de Deus. Livro III, cap. 38.

Línguas – maldizentes. Livro III, cap. 28.

Livros – simples e devotos. Livro I, cap. 5, 1.

Lugar – mudança de lugar. Livro I, cap. 9.

M

Miséria – humana. Livro I, cap. 22.

Morte – Meditação da morte. Livro I, cap. 23.

Mortificação – Utilidade da mortificação. Livro I, cap. 11.

Mundo – desprezo do mundo. Livro III, cap. 10.

N

Natureza – corrupção da natureza. Livro III, cap. 55.

movimentos da natureza. Livro III, cap. 54.

Necessidades – do corpo impedem a alma. Livro I, cap. 22, 2-4.

Negócios – não sejas impaciente nos negócios. Livro III, cap. 39.

O

Obediência – sua necessidade e seus benefícios. Livro I, cap. 9, 1.

Oblação – de Cristo na cruz. Livro IV, cap. 8.

Obras – devem proceder da caridade. Livro I, cap. 15.

a exemplo de Cristo. Livro III, cap. 13.

devemos praticar as obras humildes. Livro III, cap. 51.

Oração – no tabernáculo do coração. Livro III, cap. 38.

devemos orar por todos. Livro IV, cap. 9, 6.

P

Paciência – escola da paciência. Livro III, cap. 12.

a exemplo de Cristo. Livro III, cap. 18.

nas tribulações. Livro III, cap. 19, 1.

Pacífico – o homem pacífico. Livro II, cap. 3.

Paixão – de Cristo. Livro II, cap. 1, 3, 5.

Paixões – devem ser mortificadas. Livro I, caps. 6 e 11.

Palavras – de Deus devem ser ouvidas com humildade. Livro III, cap. 3.

supérfluas. Livro I, cap. 10, 2.

afrontosas. Livro III, caps. 54 e 56.

Paz – em que consiste. Livro III, cap. 25.

do humilde. Livro I, cap. 6, 1.

como adquiri-la. Livro I, cap. 11, 1.

quatro coisas que a produzem. Livro III, cap. 23.

não se deve procurar a paz nos homens. Livro III, cap. 42.

com o próximo. Livro II, cap. 3.

Pecador – penas do pecador. Livro I, cap. 24, 3-4.

Penas – do inferno. Livro I, cap. 24, 3-4.

Pensamentos – oração contra os maus pensamentos. Livro III, cap. 23, 5.

maus, sugeridos pelo próprio demônio. Livro III, cap. 6.

Perfeição – como adquiri-la. Livro I, cap. 11, 2, 6.

conselhos à perfeição. Livro III, cap. 25, 11.

religiosa na abnegação de si mesma. Livro III, cap. 32.

Presunção – deve ser evitada. Livro III, cap. 7, 2.

Procedimento – exterior. Livro III, cap. 38.

Progresso – em que consiste. Livro III, cap. 25.

o zelo em se adiantar. Livro I, cap. 11.

Propósito – renovação do propósito. Livro I, cap. 19, 4, 6.

inconstância nos propósitos. Livro I, cap. 22, 6.

Prudência – nas ações. Livro I, cap. 4.

Purgatório – Livro I, cap. 24, 2.

Pureza – do coração. Livro II, cap. 4.

oração para pedir a pureza do coração. Livro III, cap. 27, 4.

R

Recurso – a Deus nos perigos. Livro III, cap. 38.

Reino – de Deus dentro da alma. Livro II, cap. 1.

Religioso – exercícios do bom religioso. Livro I, cap. 19.

Resignação – à vontade de Deus. Livro III, cap. 37.

Reverência – com que devemos receber a Cristo. Livro IV, cap. 1.

S

Sacerdote – dignidade do estado sacerdotal. Livro IV, cap. 5.
ofício dos sacerdotes. Livro IV, cap. 11, 6, 7.

Sabedoria – suma é conhecer a si mesmo. Livro I, cap. 2.
humana e divina. Livro III, cap. 32, 2.

Sacramento – a graça do SS. Sacramento. Livro IV, caps. 1, 11 e 12.
no Sacramento se revela a caridade de Deus. Livro IV, cap. 2.
nos comunica muitos bens. Livro IV, cap. 4.
dignidade do Sacramento. Livro IV, cap. 5.
a fé no Sacramento. Livro IV, cap. 18, 1-3.

Santos – seus exemplos. Livro I, cap. 18.
não se deve discutir sobre os méritos dos santos. Livro III, cap. 18, 2, 3, 7.
sua glória no céu. *Ibid.* 5, 8, 9.

Serviço – de Deus. Livro III, cap. 10.

Silêncio – amor ao silêncio. Livro I, cap. 20.

Simplicidade – da Intenção. Livro II, cap. 4.
em conversar com Deus. Livro III, cap. 4.

Sofrimento – das injúrias. Livro III, cap. 19.

Solidão – amor à solidão. Livro I, cap. 20.

Sujeição – da obediência e sujeição. Livro I, cap. 9.

Superior – quem seja idôneo para superior. Livro I, cap. 20,2.

T

Tempo – valor do tempo. Livro I, cap. 25, 11.

Tentação – resistência às tentações. Livro I, cap. 13.
utilidade das tentações. Livro III, caps. 35, 2; 50, 4.

Tribulação – veja Adversidade e Tentação.

Tristeza – santa dos pecados. Livro I, cap. 21.

U

União – com Jesus. Livro III, cap. 21, 3-7.

V

Vaidade – tudo é vaidade. Livro I, cap. 1, 3-5; Livro II,
cap.1, 4-5.

Verdade – fala dentro de nós. Livro III, cap. 2.
se acha em Deus. Livro III, cap. 3.

Virtude – como devemos adquiri-la. Livro I, cap. 3, 4-5.

Vida – de Cristo, nosso modelo. Livro III, cap. 1, 1-2.
de Cristo, nosso caminho. Livro III, cap. 18, 3.
desejo da vida eterna. Livro III, caps. 48, 2-3; 49.
emenda da própria vida. Livro I, cap. 25.
monástica. Livro I, cap. 17.
alheia. Livro III, cap. 24

Vontade – conformidade com a vontade de Deus. Livro III,
caps. 17, 2-4; 50, 6.
oração para fazer a vontade de Deus. Livro III, cap. 15, 3.

Z

Zelo – em aproveitar. Livro I, cap. 11.

Conecte-se conosco:

f   facebook.com/editoravozes

   @editoravozes

X   @editora_vozes

   youtube.com/editoravozes

   +55 24 2233-9033

www.vozes.com.br

Conheça nossas lojas:

www.livrariavozes.com.br

Belo Horizonte – Brasília – Campinas – Cuiabá – Curitiba
Fortaleza – Juiz de Fora – Petrópolis – Recife – São Paulo

EDITORA VOZES LTDA.
Rua Frei Luís, 100 – Centro – Cep 25689-900 – Petrópolis, RJ
Tel.: (24) 2233-9000 – E-mail: vendas@vozes.com.br